"Hablaron de tal manera que creyó una gran multitud."
Hechos 14:1

BIOGRAFÍAS de grandes CRISTIANOS

TOMO 2

ORLANDO BOYER

DEDICADOS A LA EXCELENCIA

La misión de Editorial Vida es proporcionar los recursos necesarios a fin de alcanzar a las personas para Jesucristo y ayudarlas a crecer en su fe.

ISBN 0-8297-1343-3

Categoría: Biografías

Este libro fue publicado en portugués con el título *Heróis da fé* por Emprevan Editora

Traducido del portugués por Shily Kjellgreen

© 1983 por Editorial Vida
Deerfield, Florida 33442-8134

Reservados todos los derechos

Cubierta diseñada por Gustavo Camacho

Printed in the United States of America

99 00 01 02 * 18 17 16 15 14

INDICE

El gemir de miles de millones de almas 7

Jorge Müller — 1805-1898
Apóstol de la fe 13

David Livingstone — 1813-1873
Célebre misionero y explorador 29

Juan Paton — 1824-1907
Misionero a los antropófagos 49

Hudson Taylor — 1832-1905
Padre de la misión en el interior
de la China 65

Carlos Spurgeon — 1834-1892
El príncipe de los predicadores 95

Pastor Hsi — 1836-1896
Amado líder chino 107

Dwight Lyman Moody — 1837-1899
Célebre conquistador de almas 121

Jonatan Goforth — 1859-1936
"Con mi Espíritu" 149

EL GEMIR DE MILES DE MILLONES DE ALMAS

Se dice que Martín Lutero tenía un amigo íntimo, cuyo nombre era Miconio. Este, al ver a Lutero sentado durante días interminables trabajando al servicio del Maestro, Miconio sintió compasión de él y le dijo: "Te puedo ayudar más desde donde yo estoy; permaneceré aquí orando, mientras tú perseveras incansablemente en la lucha." Miconio oró durante días seguidos por Martín. Pero al paso que perseveraba en la oración, comenzó a sentir el peso de la propia culpa.

Cierta noche soñó con el Salvador, quien le mostró las manos y los pies. Le mostró también la fuente en la cual lo había purificado de todo pecado. "Sígueme", le dijo el Salvador, llevándolo a un alto monte, desde donde señaló hacia el naciente. Miconio vio una planicie que se extendía hasta el lejano horizonte. La vasta planicie estaba cubierta de ovejas, de muchos millares de ovejas blancas. Solamente había un hombre, Martín Lutero, que se esforzaba por apacentar a todas. Entonces el Salvador le dijo a Miconio que mirase hacia el poniente. El miró y vio vastos campos de trigo blancos para la siega. El único segador que se esforzaba por segarlos, estaba casi exhausto; de todas maneras, persistía en su tarea. En ese momento, Miconio reconoció el solitario segador: ¡era su buen amigo, Martín Lutero! Al despertar del sueño, Miconio tomó esta resolución: "No puedo quedarme aquí orando mientras Martín se fatiga en la obra del Señor. Las ovejas deben ser apacentadas, y los campos tienen que ser segados. Héme aquí, Señor, ¡envíame a mí!" Fue así como Miconio salió para compartir la labor de su fiel amigo.

Jesús nos llama para trabajar y orar. Es de rodillas que la iglesia de Cristo avanza. Fue Lionel Fletcher quien escribió:

"Todos los grandes conquistadores de almas, a través de los siglos, han sido hombres y mujeres incansables en la oración. Conozco a casi todos los oradores que han tenido éxito en la generación actual, así como a los de la generación anterior, y sé que todos ellos han sido hombres de intensa oración.

"Cierto evangelista me impresionó profundamente cuando yo era todavía un joven periodista de un diario. Ese evangelista se había hospedado en casa de un pastor presbiteriano. Toqué a la puerta y pregunté si podía hablar con el evangelista. El pastor, con voz trémula y con el rostro iluminado por una luz extraña, respondió: 'Nunca se hospedó un hombre como él en nuestra casa. No sé cuando él duerme. Si voy a su cuarto durante la noche para saber si precisa de alguna cosa, lo encuentro orando. Lo vi entrar en el templo muy temprano hoy por la mañana, y no volvió para desayunar ni para almorzar.'"

"Fui a la iglesia... Entré furtivamente para no perturbarlo. Lo hallé sin el saco y sin el cuello clerical. Estaba postrado de bruces delante del púlpito. Oí que con voz agonizante y conmovedora imploraba a Dios en favor de aquella ciudad de mineros, para que dirigiese las almas al Salvador. Había orado durante toda la noche; había orado y ayunado el día entero."

"Me aproximé furtivamente al lugar donde él oraba postrado en el suelo. Me arrodillé y puse la mano sobre su hombro. El sudor le corría por el rostro. El no me había visto nunca, pero me miró por un momento y entonces me rogó: "Ore conmigo, hermano. No puedo vivir si esta ciudad no se acerca a Dios." Había orado en ese lugar durante veinte días sin que se hubiese producido ninguna conversión. Me arrodillé a su lado y oramos juntos. Nunca había oído a nadie que insistiese como él. Volví de allí realmente asombrado, humillado y tembloroso."

"Aquella noche asistí al culto en el gran templo donde él oró. Nadie sabía que él no había comido durante el día entero, que no había dormido durante la noche anterior. Pero, cuando se levantó para predicar, oí a diversos oyentes que dijeron: 'La luz de su rostro no es terrenal.' Y no lo era en efecto. El era un conceptuado instructor bíblico, pero no tenía el don de predicar. Sin embargo, esa noche, mientras predicaba, el auditorio entero fue tomado por el poder de Dios. Fue esa la primera gran cosecha de almas que presencié."

Hay muchos testigos oculares del hecho de que Dios continúa respondiendo las oraciones como en el tiempo de Lutero, de Edwards y de Judson. Transcribimos aquí el siguiente comentario publicado en cierto periódico:

"La hermana Dabney es una creyente humilde que se dedica a orar... Su marido, pastor de una gran iglesia, fue llamado para iniciar la obra en un suburbio habitado por gente pobre. Al primer culto no vino ningún oyente; solamente él y ella asistieron. Se quedaron desilusionados. Era un campo dificilísimo; el pueblo no era solamente pobre, sino depravado también. La hermana Dabney vio que no había esperanza, a no ser que se clamase a Dios, y resolvió dedicarse persistentemente a la oración. Hizo un voto a Dios, que, si El atraía a los pecadores a los cultos y los salvaba, ella se entregaría a la oración y ayunaría tres días y tres noches en el templo, todas las semanas, durante un período de tres años.

"Fue así que, después que la esposa de ese pastor angustiado comenzó a orar, sola, en el salón de cultos, Dios comenzó a obrar enviando pecadores en tan gran número, que el salón quedaba repleto de oyentes. Su marido le pidió entonces que orase al Señor y le pidiese un salón más grande. Dios conmovió el corazón de un comerciante para que desocupara el edificio que quedaba frente al salón, cediéndolo para los cultos. Ella continuó orando y ayunando tres veces por semana, y sucedió que aquel salón más grande también resultó ser insuficiente para contener al público. Su marido le pidió nuevamente que orase y pidiese un edificio en que todos los que deseaban asistir a los cultos pudiesen entrar. Ella oró y Dios les dio un gran templo situado en la calle principal de ese barrio. En ese nuevo templo la asistencia aumentó también a tal punto, que muchos de los oyentes se veían obligados a asistir a las predicaciones de pie, en la calle. Muchos de ellos fueron liberados del pecado y bautizados."

Cuando los creyentes sienten dolores mientras están orando, es que hay almas que están renaciendo. "Los que sembraron con lágrimas, con regocijo segarán."

"El gemir de miles de millones de almas en la tierra me llega a los oídos y me conmueve el corazón; me esfuerzo, pidiendo el auxilio de Dios, para evaluar, al menos en parte, la densa obscuridad, la extrema miseria y la indescriptible desesperación de esos miles de millones de almas que no tienen a Cristo. Medita hermano, sobre el amor del Maestro, amor profundo como el mar; contempla el horrible espectáculo de la desesperación de los hombres perdidos, hasta que no puedas ya censurar, hasta que no puedas descansar, hasta que no puedas dormir."

Al sentir las necesidades de los hombres que perecen sin Cristo, fue que Carlos Inwood escribió lo que acabamos de leer en el párrafo anterior, y es por esa razón que se consume el alma de los héroes de la Iglesia de Cristo a través de los siglos.

En la campaña de Piamonte, Napoleón se dirigió a sus soldados con las siguientes palabras: "Habéis ganado sangrientas batallas sin cañones, habéis atravesado ríos caudalosos sin puentes, habéis marchado increíbles distancias descalzos, habéis acampado innúmeras veces sin tener nada para comer. ¡Todo esto gracias a vuestra audaz perseverancia! ¡Pero, guerreros, es como si no hubiésemos hecho nada, puesto que nos queda aún mucho por alcanzar!"

Guerreros de la causa santa: nosotros podemos decir lo mismo; es como si no hubiésemos hecho nada. La audaz perseverancia nos es indispensable todavía; hay más almas para salvar actualmente que las que había en los tiempos de Müller, de Livingstone, de Paton, de Spurgeon y de Moody.

"¡Ay de mí, si no anunciare el evangelio!" (1 Corintios 9:16.)

No podemos taparnos los oídos espirituales para no oír el llanto y los suspiros de miles de millones de almas en la tierra, que no conocen el camino que conduce al hogar celestial.

JORGE MÜLLER

Apóstol de la fe
1805-1898

"Por la fe Abel... Por la fe Noé... Por la fe Abraham..." Así es como el Espíritu Santo cuenta las increíbles proezas que Dios hizo por intermedio de los hombres que osaron confiar únicamente en El. Fue en el siglo XIX que Dios añadió lo siguiente a esa lista: "Por la fe Jorge Müller erigió orfanatos, alimentó a millares de huérfanos, predicó a millones de oyentes alrededor del mundo y ganó multitud de almas para Cristo."

Jorge Müller nació en 1805 de padres que no conocían a Dios. A la edad de diez años fue enviado al colegio con el propósito de que comenzara su preparación para el ministerio, pero no con el fin de servir a Dios, sino única y exclusivamente para llegar a tener una carrera, y una vida cómoda. Esos primeros años de estudio transcurrieron en prácticas de vicios a los que se entregaba cada vez más, llegando en una ocasión a estar preso durante 24 días por ese motivo. Pero Jorge, una vez que quedó en libertad, comenzó a esforzarse en sus estudios, levantándose a las cuatro de la mañana y estudiando durante todo el día hasta las diez de la noche. Sin embargo, él hacía todo eso para alcanzar una vida descansada de predicador.

No obstante, a los veinte años de edad se produjo una completa transformación en la vida de ese joven. Asistió a un culto donde los creyentes, de rodillas, imploraban a Dios que hiciese caer su bendición sobre la reunión. Nunca se olvidó de aquel culto, en que vio por la primera vez a los creyentes orando de rodillas; quedó profundamente conmovido con el ambiente espiritual, al extremo de querer buscar él también la presencia de Dios, costumbre esa que, luego, no abandonó por el resto de su vida.

Fue en esos días, después de sentirse llamado para ser misionero, que pasó dos meses hospedado en el famoso orfanato de A. H. Franke. A pesar de que ese fervoroso siervo de Dios, el señor Franke había muerto hacía casi cien años (en 1727), su orfanato continuaba funcionando con las mismas reglas de confiar enteramente en Dios para todo sustento. Más o menos al mismo tiempo en que Jorge Müller se hospedó en el orfanato, un cierto dentista, el señor Graves, abandonó sus actividades que le daban un salario de $7.500 dólares al año, a fin de hacerse misionero en Persia, confiando solamente en las promesas de Dios para la provisión de todo su sustento. Fue así que Jorge Müller, el nuevo predicador, recibió en esa visita la inspiración que lo indujo más tarde a fundar su orfanato, sobre los mismos principios.

Inmediatamente después de abandonar su vida de vicios, para dedicarse a Dios, Müller llegó a reconocer el error, más o menos universal, de leer mucho acerca de la Biblia y casi nada de la Biblia. Ese libro pasó a ser la fuente de toda su inspiración y el secreto de su maravilloso crecimiento espiritual. El mismo escribió: "El Señor me ayudó a abandonar los comentarios y a usar la simple lectura de la Palabra de Dios hecha con meditación. El resultado fue que, cuando la primera noche cerré la puerta de mi cuarto para orar y meditar sobre las Escrituras, aprendí más en pocas horas, que todo lo que había aprendido antes durante varios meses." Y añadió: "La mayor diferencia, sin embargo, fue que recibí de esta manera la verdadera fuerza para mi propia alma." Antes de fallecer dijo que había leído la Biblia entera cerca de doscientas veces; cien veces lo hizo estando de rodillas.

Cuando estaba aún en el seminario, durante los cultos domésticos que celebraba de noche con los otros alumnos, frecuentemente se quedaba orando hasta la media noche. De mañana, al levantarse, nos llamaba de nuevo para la oración de las seis de la mañana.

Cierto predicador, poco tiempo antes de la muerte de Jorge Müller, le preguntó si oraba mucho. La respuesta fue ésta: "Algunas horas todos los días, y además vivo en el espíritu de oración; oro mientras estoy caminando, mientras estoy acostado y cuando me levanto. Estoy constantemente recibiendo respuestas. Una vez que estoy persuadido de que cierta cosa es justa, continúo orando hasta recibirla. ¡Nunca dejo de orar!... Millares de almas han sido salvadas como respuesta a mis oraciones... Espero encontrar decenas de millares de ellas en el cielo... Lo más importante es no dejar de orar nunca hasta recibir la respuesta. He venido orando durante cincuenta y dos años, diariamente, por dos hombres, hijos de un amigo de mi mocedad. No se han convertido aún; sin embargo, espero que lo sean. ¿Cómo puede ser de otra manera? Hay una promesa inquebrantable de Dios y sobre ella descanso."

Poco antes de su casamiento, él no se sentía a gusto con la costumbre de un salario fijo, prefiriendo confiar en Dios, en vez de confiar en las promesas de los hermanos. Sobre esto dio las siguientes tres razones: "(1) Un salario significa una cantidad de dinero designada, generalmente adquirida del arriendo de los bancos. Pero la voluntad de Dios no es arrendar los bancos. (Santiago 2:1-6.) (2) El precio fijo de un asiento en la iglesia, a veces, es demasiado pesado para algunos hijos de Dios y no quiero colocar el menor obstáculo en el camino del progreso espiritual de la iglesia. (3) Toda la idea de arrendar los asientos para tener un salario llega a ser un tropiezo para el predicador, induciéndolo a trabajar más por el dinero que por razones espirituales."

A Jorge Müller le parecía casi imposible reunir y guardar dinero, para cualquier emergencia imprevista, sin recurrir también a ese fondo para suplir las necesidades, en vez de recurrir directamente a Dios para ello. Así el creyente confía en el dinero en vez de confiar en Dios.

Un mes después de su casamiento, colocó una caja en el salón de cultos y anunció que podían dejar allí las ofrendas para su sustento, y que de ahí en adelante, no le pediría a nadie nada más, ni a sus amados hermanos; porque como él dijo; "Casi sin darme cuenta, he sido inducido a confiar en el brazo de carne en vez de ir directamente al Señor."

El primer año acabó con un gran triunfo y Jorge Müller les dijo a los hermanos que, a pesar de la poca fe al comenzar, el Señor le había suplido ricamente todas sus necesidades materiales y, lo que era más importante todavía, le había concedido el privilegio de ser un instrumento de su obra.

Sin embargo, el año siguiente fue un año de grandes pruebas, porque muchas veces no le había quedado ni siquiera un chelín. Y Jorge Müller añade que en el momento preciso su fe siempre fue recompensada con la llegada del dinero o de los alimentos.

Cierto día, cuando sólo le quedaban ocho chelines,

Müller pidió al Señor que le enviase dinero. Esperó durante muchas horas sin recibir ninguna respuesta. Entonces llegó una señora que le preguntó: "¿Hermano, precisa usted de dinero?" Fue una gran prueba de su fe, sin embargo, el pastor le respondió: "Hermana mía, yo les dije a los hermanos, cuando abandoné mi salario, que sólo informaría al Señor respecto de mis necesidades." — "Pero", respondió la señora, "El me ha dicho que le diese a usted esto", y colocó 42 chelines en la mano del predicador.

En otra ocasión, transcurrieron tres días sin que Müller tuviese dinero en casa y fueron fuertemente tentados por el diablo, al punto de que casi resolvieron que se habían equivocado en aceptar la doctrina de fe en ese sentido. Sin embargo, cuando volvió a su cuarto, encontró 40 chelines que una hermana le había dejado. Y entonces, añadió: "Así triunfó el Señor, y nuestra fe fue fortalecida."

Antes de finalizar ese año, se quedaron otra vez totalmente sin dinero, un día en que tenían que pagar el alquiler. Pidieron a Dios que les enviase el dinero, y el dinero les fue enviado. En esa ocasión Jorge Müller formuló para sí la siguiente regla, de la cual nunca jamás se desvió: "No nos endeudaremos, porque hemos visto que tal cosa no es bíblica (Romanos 13:8), y así no tendremos cuentas que pagar. Solamente compraremos con el dinero en la mano; así siempre sabremos cuánto poseemos realmente y cuánto es lo que tenemos derecho de dar."

De esta manera Dios entrenaba gradualmente al nuevo predicador para que confiase en sus promesas. Estaba tan seguro de la fidelidad de las promesas de la Biblia, que no se desvió, durante todos los largos años de su obra en el orfanato, de la resolución de no pedir al prójimo, ni de endeudarse.

Otro secreto que lo llevó a alcanzar una bendición

tan grande como es la de confiar en Dios, fue su resolución de usar el dinero que recibía, solamente para el fin a que el mismo fuera destinado. De esta regla tampoco se desvió nunca, ni siquiera para tomar prestado de tales fondos, a pesar de hallarse millares de veces frente a las mayores necesidades.

En esos días, cuando comenzó a verificar que las promesas de Dios se cumplían, se sintió conmovido por el estado de los huérfanos y de los pobres niños que encontraba en las calles. Reunió algunos de esos niños para que desayunasen con él a las ocho de la mañana, y después les enseñaba las Escrituras durante una hora y media. La obra aumentó rápidamente. Mientras más crecía el número le niños que venían a su mesa para comer más era el dinero que recibía para alimentarlos, hasta el punto que se encontró cuidando de treinta a cuarenta personas.

Al mismo tiempo Jorge Müller fundó la *Junta para el conocimiento de las Escrituras en el país y en el extranjero*. El fin era: (1) Auxiliar a las escuelas bíblicas y a las escuelas dominicales. (2) Divulgar las Escrituras. (3) Aumentar la obra misionera. No es necesario añadir que todo eso se hizo con las mismas resoluciones de no endeudarse por ningún motivo, sino siempre pedir a Dios en secreto.

Cierta noche cuando él leía la Biblia, se quedó profundamente impresionado con las palabras: "Abre tu boca, y yo la llenaré", (Salmo 81:10). Se sintió llevado a aplicar esas palabras al orfanato, siéndole dada la fe para pedir al Señor que enviase mil libras esterlinas; también pidió a Dios que levantase hermanos con las aptitudes necesarias para cuidar de los niños. Desde aquel momento ese texto del Salmo 81 le sirvió como lema, y la promesa se convirtió en un poder que determinó todo el curso de su vida futura.

Dios no demoró mucho en dar su aprobación para

que arrendase una casa para los huérfanos. Apenas dos días después de haber comenzado a pedir, él escribió en su diario lo siguiente: "Hoy recibí el primer chelín para la casa de los huérfanos."

Cuatro días después recibió la primera contribución de muebles: un armario guardarropa, y una hermana le ofreció prestar sus servicios para cuidar de los huérfanos. Jorge Müller escribió ese día que estaba muy alegre y que confiaba en que el Señor le completaría todo lo demás.

Al día siguiente Müller recibió una carta con estas palabras: "Por la presente le ofrecemos nuestro servicio para la obra del orfanato, si es que usted cree que tenemos las aptitudes necesarias para tal fin. También le ofrecemos todos los muebles, etc., que el Señor nos ha dado. Haremos todo esto sin pretender ninguna retribución económica, creyendo que si es la voluntad de Dios usarnos, El se encargará de suplir todas nuestras necesidades". Desde aquel día nunca faltaron en el orfanato auxiliares alegres y dedicados, a pesar de que la obra aumentó mucho más rápido de lo que Müller esperaba.

Fue tres meses después que Jorge Müller consiguió alquilar una casa grande, y anunció la fecha de la inauguración del orfanato para el sexo femenino. El día de la inauguración, sin embargo, tuvo la gran desilusión de comprobar que no se había recibido ninguna huérfana. Solamente después que llegó a su casa se acordó de que no las había pedido. Aquella noche se postró rogando a Dios lo que anhelaba. Obtuvo la victoria de nuevo, pues vino una huérfana al día siguiente. Y luego, cuarenta y dos pidieron su admisión antes de que el mes terminase, y ya había veintiséis en el orfanato.

Durante el año hubo grandes y repetidas pruebas de fe. Por ejemplo, se lee en su diario lo siguiente:

"Sintiendo una gran necesidad ayer por la mañana, fui guiado a pedir con insistencia a Dios y, como respuesta, por la tarde, un hermano me dio diez libras esterlinas." Muchos años antes de su muerte, él afirmó que, hasta aquella fecha, había recibido ya de la misma manera, cinco mil veces la respuesta el mismo día en que había hecho la petición.

Era su costumbre y la recomendaba también a los otros hermanos, llevar un libro. En una página registraba su petición, con la fecha, y en el lado opuesto, la fecha en que recibía la respuesta. De esa manera fue inducido a esperar respuestas concretas a sus peticiones, y no había dudas acerca de esas respuestas.

Con el crecimiento del orfanato y el aumento del servicio de pastorear a los 400 miembros de su iglesia, Jorge Müller se halló demasiado ocupado para orar. Fue en ese tiempo que llegó a reconocer que el creyente podía hacer más en cuatro horas, después de emplear una en orar, que en cinco horas sin oración. En adelante él observó siempre fielmente esa regla durante 60 años.

Cuando arrendó la segunda casa para huérfanos del sexo masculino, dijo lo siguiente: "Al orar, yo sabía que le pedía a Dios algo que no había esperanza de recibir de los hermanos; pero que, sin embargo, no era demasiado para el Señor." El oraba, con 90 personas sentadas a las mesas, de esta manera: "Señor, mira las necesidades de tu siervo..." Y ésa fue una oración a la que Dios siempre respondió abundantemente. Antes de morir, declaró que mediante la fe alimentaba a dos mil huérfanos, y ninguna comida se sirvió con un atraso de más de treinta minutos.

Muchas personas le preguntaban con frecuencia a Jorge Müller — y muchas aún lo preguntan — cómo lograba él saber la voluntad de Dios, pues nunca realizaba ninguna transacción, por pequeña que fuese, sin tener primero la seguridad de la voluntad de Dios. A esa pregunta él respondía: "1) Procuro mantener mi corazón en tal estado, que no tenga ninguna voluntad propia en el caso. De diez problemas, ya tenemos la solución de nueve, cuando logramos tener un corazón dispuesto a hacer la voluntad del Señor, sea cual sea. Cuando llegamos verdaderamente a ese punto, estamos casi sempre próximos a saber cuál es la voluntad de El.

"2) Teniendo dispuesto el corazón para hacer la voluntad del Señor, no dejo el resultado al mero sentimiento o a la simple impresión. Si lo hago, estaré sujeto a grandes engaños.

"3) Procuro la voluntad del Espíritu de Dios por medio de su Palabra o de acuerdo con la Palabra. Es esencial que el Espíritu y la Palabra vayan juntos el uno al lado de la otra. Si yo mirase al Espíritu sin tomar en cuenta la Palabra, quedaría sujeto del mismo modo a sufrir grandes engaños.

"4) Después considero las circunstancias providenciales. Esas, junto con la Palabra de Dios y con su Espíritu, indican claramente la voluntad del Señor.

"5) Pido a Dios en oración que me revele su propia voluntad.

"6) De esta manera, después de orar a Dios, estudiar la Palabra y reflexionar sobre su contenido, es que logro la mejor resolución deliberada que puedo con mi capacidad y conocimiento; si continúo sintiendo paz, en ese caso, después de dos o tres peticiones más, sigo conforme a esa dirección. Tanto en los casos mínimos como en las transacciones de mayor responsabilidad, siempre encuentro que este método es eficiente."

Tres años antes de su muerte, Jorge Müller escribió: "No recuerdo en toda mi vida de creyente, durante un período de 69 años, que yo jamás haya buscado SINCERAMENTE Y CON PACIENCIA, saber la voluntad de Dios *mediante las enseñanzas del Espíritu Santo por intermedio de la Palabra de Dios,* y que no haya sido guiado *con certeza.* Sin embargo, si mi corazón no era lo suficientemente *sincero y puro ante Dios,* o si yo no buscaba con paciencia la dirección de Dios, o si prefería más bien el *consejo del prójimo al de la Palabra del Dios vivo,* entonces erraba gravemente."

Su confianza en el "Padre de los huérfanos" era tal, que ni una sola vez rehusó aceptar niños en el orfanato. Cuando le preguntaron por qué asumió el cargo del orfanato, respondió que no fue solamente para alimentar a los huérfanos material y espiritualmente, sino que "el primer objetivo básico del orfanato ha sido, y aún es, que Dios sea glorificado por el hecho de que, estando bajo mi cuidado, los huérfanos han sido y aún son suplidos de todo lo necesario, solamente por la oración y la fe, sin que ni yo ni mis compañeros de trabajo hayamos pedido nada al prójimo; por eso mismo se puede ver que Dios continúa siendo fiel y aún responde a la oración."

Respondiendo a muchos que querían saber cómo el creyente podía adquirir una fe tan grande, les dio las siguientes reglas:

"1) Leer la Biblia y meditarla. Se llega a conocer a Dios por medio de la oración y de la meditación de su Palabra.

"2) Procurar mantener un corazón íntegro y una buena conciencia.

"3) Si deseamos que nuestra fe crezca, no debemos evitar aquello que la pruebe y por medio de lo cual ella sea fortalecida.

"Además, para que nuestra fe se fortalezca, es

necesario que dejemos que Dios actúe por nosotros al llegar la hora de la prueba, y no procuremos nuestra propia liberación.

"Si el creyente desea poseer una fe grande, debe dar tiempo para que Dios trabaje."

Los cinco edificios construidos de piedra labrada y situados en Ashley Hill, Bristol, Inglaterra, con sus 1.700 ventanas y espacio suficiente para acomodar a más de 2.000 personas, son testigos fieles de esa gran fe sobre la cual él se expresó.

Debemos recordar que, por cada una de esas dádivas, Jorge Müller luchó en oración para conseguirlas una a una de las manos de Dios; oró con un fin seguro y con perseverancia, y Dios respondió con el mismo grado definitivo.

Son de Jorge Müller estas palabras: "Muchas y repetidas veces me he encontrado en situaciones en que no tenía más recursos. No solamente había que alimentar a 2100 personas diariamente, sino también había que conseguir todo lo necesario para suplir lo demás, y todos los fondos estaban agotados. Había 189 misioneros que sustentar, sin tener cosa alguna; cerca de cien escuelas, con más o menos nueve mil alumnos, y sin tener a la mano nada con que proveerlos; casi cuatro millones de tratados para distribuir, y todo el dinero se había acabado."

Cierta vez el doctor A. T. Pierson fue huésped de Jorge Müller en su orfanato. Una noche, después que todos se habían acostado, Müller lo llamó para que viniese a orar, diciéndole que en la casa no había nada para comer. El doctor Pierson quiso recordarle que los comercios estaban cerrados, pero Müller lo sabía perfectamente. Después de orar, se acostaron y durmieron, y al amanecer ya los alimentos habían sido suplidos, y en abundancia, para los 2.000 niños. Ni el doctor Pierson, ni Jorge Müller llegaron a saber nunca cómo esos alimentos habían sido enviados. La historia le fue contada aquella misma mañana al señor Simón Short, bajo la promesa de que la guardaría en secreto hasta el día de la muerte del benefactor. El Señor había despertado a esa persona de su sueño y lo había llamado para que llevase alimentos suficientes para suplir la despensa del orfanato para todo un mes. Y eso ocurrió sin que él supiera nada de que Jorge Müller y el doctor Pierson habían estado orando al respecto.

A la edad de 69 años Jorge Müller comenzó sus viajes, en los cuales predicó muchos millares de veces, en 42 países, a más de tres millones de personas. Recibió de Dios todo como respuesta a sus oraciones, para pagar los grandes gastos de esos viajes. Más tarde él escribió: "Digo con razón: Creo que no fui dirigido a ningún lugar donde no hubiese prueba evidente de que el Señor me mandaba para allá." El no hizo esos viajes con el propósito de solicitar dinero para la junta; no recibió lo suficiente para los gastos de medio día de la junta. Según sus propias palabras, el objeto era éste: "Que yo pudiese, por mi propia experiencia y conocimiento de las cosas divinas, comunicar una bendición a los creyentes... y que yo pudiese predicar el evangelio a los que no conocían al Señor."

Jorge Müller escribió lo siguiente sobre un problema espiritual: "Siento constantemente mi necesidad... No puedo estar solo, sin caer en las garras de Satanás. El orgullo, la incredulidad u otros pecados me llevarían a la ruina. Solo, no permanezco firme un momento. ¡Que ningún lector piense de mí que no estoy sujeto a la jactancia y al orgullo, que yo no puedo dejar de creer en Dios!"

El estimado evangelista Charles Inglis, contó lo siguiente respecto a Jorge Müller: "Cuando por primera vez vine a América, hace 31 años, el capitán del navío era uno de los más devotos creyentes que yo había conocido jamás. Cuando nos aproximábamos a Terranova, él me dijo: 'Señor Inglis, la última vez que pasé por aquí, hace cinco semanas, sucedió una cosa tan extraordinaria, que causó la transformación de toda mi vida de creyente. Hasta aquel momento yo había sido un creyente común y corriente. Había a bordo con nosotros un hombre de Dios, el señor Jorge Müller, de Bristol. Yo había pasado 22 horas sin alejarme del puente de mando ni por un momento, cuando de pronto me asusté porque alguien me tocó en el hombro. Era el señor Jorge Müller.' "

"— Capitán — me dijo él —, vine a decirle que yo tengo que estar en Quebec el sábado por la tarde. — Era miércoles —. ¡Es imposible! — le contesté —. Pues bien, si su navío no puede llevarme, Dios encontrará otro medio de transporte. Durante cincuenta y siete años, nunca dejé de estar en el lugar y a la hora que me había comprometido, — respondió el señor Müller —. Tendría muchísimo placer en ayudarlo, pero, ¿qué puedo hacer? No hay medios, — le dije yo —. Entremos aquí para orar — respondió el señor Müller —. Miré a aquel hombre y me dije a mí mismo: '¡¿De qué casa de locos se habrá escapado éste?!' Nunca había oído hablar de una cosa semejante. Entonces le dije yo —: Señor Müller, ¿sabe usted cómo está de espesa esta neblina? — El me respondió —: No, mis ojos no están viendo la neblina, sino que están viendo al Dios vivo, el cual gobierna todas las circunstancias de mi vida. — Cayó de rodillas y oró en la forma más simple. Yo pensé: 'Esa es una oración como la de un niño que no tiene más de ocho o nueve años.' Fue más o menos así que él oró: — Oh Señor, si es tu voluntad, retira esta neblina en cinco minutos. Tú sabes que me he comprometido a estar en Quebec el sábado. Creo que ésa es tu voluntad. — Cuando acabó, yo también quise orar, pero él me puso la mano sobre mi hombro y me pidió que no lo hiciese, diciendo —: Primero, usted no cree que Dios lo haría, y, segundo, yo creo que El ya lo hizo. No hay ninguna necesidad de que usted ore con el mismo fin. — Miré al Señor Müller, quien continuó diciendo —: Capitán, conozco a mi Señor desde hace 57 años, y no ha habido un solo día en que yo no haya tenido audiencia con el Rey. Levántese, Capitán, abra la puerta y verá que la neblina ya desapareció. — Me levanté y en efecto la neblina ya había desaparecido. El sábado por la tarde, Jorge Müller estaba en Quebec, como él lo deseaba."

Para ayudarlo a llevar la pesada carga de los orfelinatos y a apropiarse de las promesas de Dios mediante la oración, estuvo siempre al lado de Jorge Müller su fiel esposa que lo acompañó durante casi 40 años. Cuando ella falleció, muchos millares de personas asistieron a su entierro, entre las cuales se contaban cerca de 1.200 huérfanos que podían caminar. El mismo, fortalecido por el Señor, conforme confesó, dirigió los cultos fúnebres en el templo y en el cementerio.

A la edad de 66 años se casó por segunda vez. Luego, a la edad de 90 años predicó el sermón fúnebre de su segunda esposa, como lo hiciera a la muerte de su primera esposa. Una persona que asistió a ese entierro se expresó de la siguiente manera: "Tuve el privilegio, el viernes, de asistir al entierro de la señora de Müller... y presenciar un culto sencillo, ¡que, tal vez, ha sido el único en la historia del mundo! Aquí un venerable patriarca presidía el culto entero; a la edad de noventa años permanecía todavía lleno de aquella enorme fe que lo ha habilitado para alcanzar tanto, y que lo ha sustentado en emergencias, problemas y trabajos durante una larga vida..."

En el año 1898, a la edad de 93 años, la última noche antes de partir para estar con Cristo, sin haber demostrado ninguna señal de disminución en sus fuerzas físicas, se acostó como de costumbre. A la mañana del día siguiente fue "llamado", según la expresión de un amigo al recibir las noticias que así explican la partida: "¡Querido anciano Müller! Desapareció de nuestro medio para irse al Hogar celestial, cuando el Maestro le abrió la puerta y lo llamó tiernamente, diciéndole: 'Ven'."

Los periódicos publicaron, medio siglo después de su muerte, la siguiente noticia: "El orfelinato de Jorge Müller, en Bristol, permanece como una de las maravillas del mundo. Desde su fundación en 1836, la cifra de aportaciones que Dios ha concedido únicamente como respuesta a las oraciones, llega a más de veinte millones de dólares, y el número de huérfanos atendidos asciende a 19.935. A pesar de que los vidrios de cerca de 400 ventanas se quebraron recientemente por las bombas (en la segunda guerra mundial), ningún niño, ni ningún auxiliar resultaron heridos."

DAVID LIVINGSTONE

Célebre misionero y explorador
1813-1873

Cierto comerciante, al visitar la abadía de Westminster, en Londres, donde se encuentran sepultados los reyes y personajes eminentes de Inglaterra, preguntó cuál era la tumba más visitada, excluyendo la del "soldado desconocido". El conserje respondió que era la tumba de David Livingstone. Son pocos los humildes y fieles siervos de Dios, que el mundo distingue y honra de esta manera.

Se cuenta que, en Glasgow, después de haber pasado 16 años de su vida en el Africa, Livingstone fue invitado a pronunciar un discurso ante el cuerpo estudiantil de la universidad. Los alumnos resolvieron mofarse de quien ellos llamaban "camarada misionero", haciendo el mayor ruido posible para interrumpir su discurso. Cierto testigo del acontecimiento dijo lo siguiente: "A pesar de todo, desde el momento en que Livingstone se presentó delante de ellos, macilento y delgado, como consecuencia de haber sufrido más de treinta fiebres malignas en las selvas del Africa, y con un brazo apoyado en un cabestrillo, resultado de un encuentro con un león, los alumnos guardaron un gran silencio. Oyeron, con el mayor respeto, todo lo que el orador les relató, y cómo Jesús le había cumplido su promesa: "He aquí yo estoy con vosotros todos los días, hasta el fin del mundo."

David Livingstone nació en Escocia. Su padre, Neil Livingstone, acostumbraba relatar a sus hijos las proezas de 8 generaciones de sus antepasados. Uno de los bisabuelos de David tuvo que huir, con su familia, de los crueles partidarios de los pactos o *"covenanters"* a los pantanos y montes escabrosos donde podían adorar a Dios en espíritu y en verdad. Pero aun esos cultos que se realizaban entre los espinos y a veces sobre el hielo, eran interrumpidos de vez en cuando por la caballería, que llegaba galopando para matar o llevarse presos tanto a hombres como a mujeres.

Los padres de David educaron a sus hijos en el temor de Dios. En su hogar siempre reinaba la alegría y servía como modelo ejemplar de todas las virtudes domésticas. No se perdía una sola hora de los siete días de la semana, y el domingo era esperado y honrado como un día de descanso. A la edad de nueve años David se ganó un Nuevo Testamento, como premio ofrecido por repetir de memoria el capítulo más largo de la Biblia, el Salmo 119.

"Entre los recuerdos más sagrados de mi infancia", escribió Livingstone, "están los de la economía de mi madre para que los pocos recursos fuesen suficientes para todos los miembros de la familia. Cuando cumplí diez años de edad, mis padres me colocaron en una fábrica de tejidos para que yo ayudara a sustentar la familia. Con una parte de mi salario de la primera semana me compré una gramática de latín."

David iniciaba su día de trabajo en la fábrica de tejidos a las seis de la mañana y, con intervalos para el café y el almuerzo, trabajaba hasta las ocho de la noche. Sujetaba su gramática de latín abierta sobre la máquina de hilar algodón y mientras estaba trabajando, estudiaba línea por línea. A las ocho de la noche, se dirigía sin perder un minuto, a la escuela nocturna. Después de las clases, estudiaba sus lecciones para el día siguiente, a veces quedándose hasta la media noche, cuando su madre tenía que obligarlo a que apagase la luz y se acostase.

La inscripción sobre la lápida de la tumba de los padres de David Livingstone indica las privaciones del hogar paterno:

Para marcar el lugar donde descansan
Neil Livingstone y Agnes Hunter, su esposa,
y para expresar a Dios la gratitud de sus hijos:
Juan, David, Janet, Charles y Agnes
por haber tenido padres pobres
y piadosos

Los amigos insistieron en que él cambiase las últimas palabras de esa inscripción para que dijese "padres pobres, *pero piadosos*". Sin embargo, David rehusó aceptar esa sugerencia porque, para él, tanto la pobreza como la piedad eran motivos de gratitud. Siempre consideró que el hecho de haber aprendido a trabajar durante largos días, mes tras mes, año tras año, en la fábrica de algodón, constituyó una de las mayores felicidades de su vida.

En los días feriados, a David le gustaba ir a pescar y a hacer largas excursiones por los campos y por las márgenes de los ríos. Esos extensos paseos le servían tanto de instrucción como de recreo; salía para verificar en la propia naturaleza lo que había estudiado en los libros sobre botánica y geología. Sin saberlo, de ese modo se fue preparando, en cuerpo y mente, para las exploraciones científicas y para lo que escribiría con exactitud acerca de la naturaleza del Africa.

A los veinte años se produjo un gran cambio espiritual en la vida de David Livingstone, que determinó el rumbo de todo el resto de su vida. "La bendición divina le inundó todo el ser, como había inundado el corazón de San Pablo o el de San Agustín, y de otros del mismo tipo, dominando sus deseos carnales... Actos de abnegación, muy difíciles de realizar bajo la ley férrea de la conciencia, se convirtieron en servicio de la voluntad libre bajo el brillo del amor divino... Es evidente que a él lo había impulsado una fuerza, pasiva pero tremenda, dentro del propio corazón, hasta el fin de su vida. El amor que había comenzado a conmoverlo en la casa paterna, continuó inspirándolo durante todos los largos y pesados viajes que realizó por el Africa, y lo llevó a arrodillarse a media noche en el rancho en Ilala, de donde su espíritu, mientras aún oraba, regresó a su Dios y Salvador.

Desde su infancia, David había oído hablar de un misionero valiente destacado en la China, cuyo nombre era Gutzlaff. En sus oraciones de la noche, al lado de su madre, oraba también por él. A la edad de dieciséis años, David comenzó a sentir un deseo profundo de que el amor y la gracia de Cristo fuesen conocidos por aquellos que permanecían aún en las densas tinieblas. Por ese motivo, resolvió firmemente en su corazón dar también su vida como médico y misionero al mismo país. la China.

Al mismo tiempo el maestro de su clase en la Escuela Dominical, David Hogg, lo aconsejó de esta manera: "Ora, muchacho; haz de la religión el motivo principal de tu vida cotidiana y no una cosa inconstante, si quieres vencer las tentaciones y otras cosas que te quieren derribar." Y David resolvió sinceramente dirigir su vida futura bajo esa norma.

Cuando cumplió nueve años de servicios en la fábrica, fue promovido para un trabajo más lucrativo. Consiguió completar sus estudios, recibiendo el diploma de licenciado de la Facultad de Medicina y Cirugía de Glasgow, sin recibir de nadie ningún auxilio económico que lo ayudase a completar su carrera. Si los creyentes no lo hubiesen aconsejado a que hablase a la Sociedad Misionera de Londres acerca de enviarlo como misionero, él habría ido por sus propios medios, según declaró más tarde.

Durante todos los años de estudios para llegar a ser médico y misionero, se sintió impelido para ir a la China. Cierta vez, en una reunión, oyó el discurso de un hombre, de larga barba blanca, alto, robusto y de ojos bondadosos y penetrantes, llamado Robert Moffat. Ese misionero había regresado del Africa, un país misterioso, cuyo interior era todavía desconocido. Los mapas de ese continente tenían en el centro enormes espacios en blanco, sin ríos y sin sierras. Hablando sobre el Africa, Moffat dijo al joven David Livingstone: "Hay una vasta planicie al norte, donde he visto en las mañanas de sol, el humo de millares de aldeas, donde ningún misionero ha llegado todavía."

Conmovido, al oír hablar de tantas aldeas que permanecían todavía sin el evangelio y sabiendo que no podía ir a la China por causa de la guerra que se había desencadenado en aquel país, Livingstone respondió: "Iré inmediatamente para el Africa."

Los hermanos de la misión concordaron con esa resolución y David volvió a su humilde hogar de Blatire para despedirse de sus padres y hermanos. A las cinco de la mañana del día 17 de noviembre de 1840, la familia se levantó. David leyó los Salmos 121 y 135 junto con su familia. Las siguientes palabras quedaron impresas en su corazón, y lo fortalecieron para resistir el calor y los peligros durante los largos años que pasó después en el Africa: "El sol no te fatigará de día, ni la luna de noche... Jehová guardará tu salida y tu entrada desde ahora y para siempre." Después de orar, se despidió de su madre y de sus hermanas y viajó a pie, junto con su padre que lo acompañó, hasta Glasgow. Después de despedirse uno del otro, David se embarcó en el navío para no volver a ver nunca más, aquí en la tierra, el rostro del noble Neil Livingstone.

El viaje desde Glasgow a Río de Janeiro y luego a Ciudad del Cabo en el Africa, duró tres meses. Pero David no desperdició su tiempo. El capitán se volvió su amigo íntimo y lo ayudó a preparar los cultos en los que David predicaba a los tripulantes del navío. El nuevo misionero aprovechó también la oportunidad de aprender, a bordo, el uso del sextante y a saber exactamente la posición del barco, observando la luna y las estrellas. Ese conocimiento le fue más tarde de incalculable valor para orientarse en sus viajes de evangelización y exploración en el inmenso interior desconocido, del cual "subía el humo de mil villas sin misionero".

Desde Ciudad del Cabo, el viaje de 190 leguas (1.058 km) lo hizo a tropezones, en un carro de buey, traqueteando a través de campos incultos. El viaje duró dos meses, hasta llegar a Curumá, donde debía esperar el regreso de Robert Moffat. Deseaba establecerse en un lugar que estuviese situado a 50 ó 60 leguas (280 ó 330 km) más al norte de cualquier otro en que existiese ya una obra misionera.

A fin de aprender la lengua y las costumbres del pueblo, nuestro explorador empleaba su tiempo viajando y viviendo entre los indígenas. Su buey de transporte se pasaba la noche amarrado, mientras él se sentaba con los africanos alrededor del fuego, oyendo las leyendas de sus héroes; Livingstone por su parte les contaba las preciosas y verdaderas historias de Belén, de Galilea y de la cruz. Continuó estudiando siempre mientras viajaba, trazando mapas de los ríos y de las sierras del territorio que recorría. En una carta a un amigo suyo le escribió que había descubierto 32 clases de raíces comestibles y 43 especies de árboles y arbustos frutales que se producían en el desierto sin ser cultivados. Desde un punto que alcanzó en esos viajes, le faltaron apenas 10 días de viaje para llegar al gran lago Ngami, que descubrió siete años más tarde.

Desde Curumá, el misionero, licenciado de la Facultad de Medicina y Cirugía de Glasgow, escribió a su padre: "Tengo una clientela bien grande. Hay pacientes aquí que caminan más de 60 (330 km) leguas para recibir tratamiento médico. Esas personas, al regresar, envían otras con el mismo fin."

Estableció su primera misión en el lindo valle de Mabotsa, en la tierra de Bacatla. En una carta, que escribió desde Curumá, Livingstone se expresó de la siguiente manera sobre el lugar que había escogido para su centro de evangelización: "Está situado en una comunidad de seres que se llama 'Mabotsa', que quiere decir 'Cena de Bodas'. Que Dios nos ilumine con su presencia, para que por intermedio de siervos tan débiles, mucha gente encuentre la entrada para la Cena de las Bodas del Cordero."

Fue en Mabotsa donde tuvo lugar el histórico encuentro con un león. Acerca de ese acontecimiento David escribió lo siguiente: "El saltó y me alcanzó el hombro; ambos rodamos por el suelo. Rugiendo horriblemente cerca de mi oído, me sacudió como un perro lo hubiese hecho con un gato. Los sacudones que me dio el animal, me produjeron un entorpecimiento igual al que debe sentir un ratón, después de la primera sacudida que le da el gato. Me atacó entonces una especie de adormecimiento, y no sentí ningún dolor ni ninguna sensación de temor."

No obstante, antes de que la fiera tuviese tiempo de matarlo, lo dejó para atacar a otro hombre que con una lanza en la mano había entrado en la lucha. El hombro desgarrado de Livingstone nunca sanó completamente; él nunca más pudo apuntar un rifle o llevarse la mano a la cabeza sin sentir dolores.

Fue en la casa de Robert Moffat, en Curumá, que llegó a conocer a María, la hija mayor de ese misionero. Después de abrir la misión en Mabotsa, los dos se casaron. Seis hijos fueron el fruto de ese enlace.

Después que Livingstone se casó, la Escuela Dominical de Mabotsa se transformó en una escuela diaria, pasando su esposa a ser la maestra. Schele, el jefe de la tribu, se volvió un gran estudiante de la Biblia, pero quería "convertir" a todo su pueblo a fuerza de "litupa", es decir, de látigo de cuero de rinoceronte. El "inició un culto doméstico en su casa, y el propio Livingstone se admiró de su manera sencilla y natural de orar". Era costumbre de Livingstone comenzar el día con un culto doméstico, y no es de admirarse que el jefe la adoptase también.

Livingstone se vio obligado a mudarse para Chonuane, situada a diez leguas, y más tarde, por falta de agua, él y todo el pueblo, para Colobeng. Fue en ese último lugar que el jefe de la tribu construyó una casa para los cultos, y Livingstone construyó, con gran sacrificio de dinero y mucho trabajo, su tercera casa de residencia. En esa casa vivió durante cinco años, y nunca más consiguió fijar residencia en otro lugar de la tierra.

Acerca del trabajo en ese lugar, se expresó así: "Aquí tenemos un campo sumamente difícil de cultivar... Si no confiásemos en que el Espíritu Santo obra en nosotros, desistiríamos en desesperanza."

A través del desierto de Calari llegaban rumores de un inmenso lago y de un lugar llamado "Humazo Ruidoso", el cual se creía que era una gran catarata de agua. Las sequías lo oprimían tanto en Colobeng, que Livingstone resolvió hacer un viaje de exploración para encontrar un lugar más apropiado para establecer su misión. Así fue como el 1º de julio de 1849, David Livingstone, junto con el jefe de la tribu, sus "guerreros", tres hombres blancos y su propia familia, salieron para atravesar el gran desierto de Calari. El guía del grupo, Romotobi, conocía el secreto de subsistir en el desierto cavando con las manos y chupando el agua de debajo de la arena mediante una caña sorbedora.

Después de viajar durante muchos días, llegaron al río Zouga. Al preguntarles a los indígenas, ellos les informaron que el río tenía su naciente en una tierra de ríos y bosques. Livingstone quedó convencido de que el interior del Africa no era un gran desierto, como el mundo de entonces suponía, y su corazón ardía con el deseo de encontrar una vía fluvial, para que otros misioneros pudiesen ir y penetrar el interior del continente con el mensaje de Cristo.

"La perspectiva", escribió él, "de encontrar un río que diese entrada a una vasta, populosa y desconocida región, fue creciendo constantemente desde entonces; creció tanto que cuando por fin llegamos al gran lago, ese importante descubrimiento, en sí mismo, nos pareció de poca importancia".

Fue el 1º de agosto de 1849 que el grupo llegó al lago Ngami; era un lago tan grande que desde una orilla no se podía ver la orilla opuesta. Habían sufrido largos días de sed atormentadora sin haber podido obtener una sola gota de agua, pero habían vencido todas las dificultades y habían descubierto ese lago, mientras que otros pretendientes, mucho mejor equipados que ellos pero menos persistentes, habían fallado.

Las noticias de ese descubrimiento fueron comunicadas a la Real Sociedad Geográfica, la cual le concedió una hermosa recompensa de 25 guineas, "por haber descubierto una tierra importante, un importante río y un enorme lago".

El grupo tuvo que volver a Colobeng. Sin embargo, algunos meses después, inició un nuevo viaje para el lago Ngami. No quería separarse de su familia y la llevó en un carro tirado por bueyes. Pero al llegar al río Zouga, sus hijos fueron atacados por la fiebre y tuvo que volver con la familia. Le nació una hija, la cual murió luego de fiebre. Con todo, Livingstone permaneció más firme que nunca en su resolución de encontrar un camino para llevar el evangelio al interior del continente africano.

Después de descansar durante algunos meses con su familia en la casa de su suegro en Curumá, salieron con el propósito de encontrar un lugar saludable donde pudiese establecer una misión más al interior. Fue en ese viaje, en junio de 1851, que descubrió el río más grande del Africa oriental, el Zambeze, río del que el mundo de entonces nunca había oído hablar.

En un párrafo que escribió Livingstone, se descubre algo de lo que habían sufrido durante esos viajes: "Uno de los ayudantes desperdició el agua que llevábamos en el carro y en la tarde apenas si quedaba un poquito para los niños. Pasamos esa noche muy angustiados, y al día siguiente, a medida que iba disminuyendo más y más el agua, tanto más la sed de los niños iba en aumento. El pensar que fuesen a perecer ante nuestros ojos, nos llenaba de angustia. En la tarde del quinto día sentimos un gran alivio, cuando uno de los hombres volvió trayendo tanto de ese precioso líquido, como jamás antes lo habíamos pensado."

Livingstone, convencido de que era la voluntad de Dios que saliese para establecer otro centro de evangelización, y con una indómita fe de que el Señor supliría todo lo necesario para que se cumpliese su voluntad, avanzaba sin vacilar.

Después de descubrir el río Zambeze, Livingstone vino a saber que los lugares saludables eran lugares sujetos a saqueos inesperados por parte de otras tribus. Solamente en los lugares plagados de enfermedades y azotados por la fiebre era donde se encontraban tribus pacíficas.

Resolvió, por tanto, enviar a su esposa a descansar en Inglaterra, mientras él continuaba sus exploraciones con el fin de establecer un centro para su obra de evangelización. Se veía obligado a establecer tal centro, porque los bóers holandeses invadían el territorio, robando las tierras y el ganado de los indígenas y poniendo en práctica un régimen de la más vil esclavitud. Livingstone enviaba a creyentes fieles para evangelizar a los pueblos que estaban a su alrededor, pero los bóers acabaron con su obra, matando a muchos de los indígenas y destruyendo todos los bienes que el misionero poseía en Colobeng.

Livingstone llevó a su familia para Ciudad del Cabo, desde donde sus seres queridos se embarcaron en un navío con destino a Inglaterra.

Fue en ese tiempo, cuando Dios le proveyó todo lo necesario para que su necesitada familia volviese a Inglaterra, que dijo: "Oh, Amor divino, no te amo con la fuerza, la profundidad y el ardor que convienen."

La separación de su familia le causó profunda pena, pero, de nuevo, dirigió su rostro heroicamente hacia su meta que era ir a socorrer a las desgraciadas tribus del interior del Africa.

Había tres motivos para hacer un viaje de exploración: Primero, quería encontrar un lugar donde residir con su familia en medio de los *barotses*, para evangelizarlos. Segundo, la comunicación entre el territorio de los *barotses* y Ciudad del Cabo era muy demorada y difícil, y por lo tanto, quería descubrir un camino para un puerto más próximo. Tercero, quería hacer todo lo posible para influir a las autoridades contra el horrendo tráfico de esclavos.

Fue en esa época de su vida que Livingstone, debido a sus hazañas, se volvió mundialmente conocido.

En su fervor, deseando que Dios le conservase la vida y lo usase como medio para que el evangelio penetrase en el continente africano, Livingstone oró así: "Oh Jesús, te ruego que ahora me llenes de tu amor y me aceptes y me uses un poco para tu gloria. Hasta ahora no he hecho nada por ti, pero quiero hacer algo. Oh Dios, te imploro que me aceptes y me uses, y que sea tuya toda la gloria." Además, escribió lo siguiente: "No tendría ningún valor nada de lo que poseo o llegare a poseer, si no tuviese relación con el reino de Cristo. Si algo de lo que poseo, puede servir para tu reino, te lo daré a ti, a quien debo todo en este mundo y en la eternidad."

Livingstone atravesó, ida y vuelta, el continente africano, desde la desembocadura del río Zambeze hasta San Pablo de Luanda, siendo él el primer blanco en realizar semejante hazaña. En sus memorias, que escribía diariamente, se nota cómo él admiraba los lindos paisajes de un país que el mundo consideraba como un vasto desierto, pues lo desconocía por completo.

Llegó a Luanda flaco y enfermo. A pesar de la insistencia del cónsul británico para que regresase a Inglaterra, a fin de recuperar la salud quebrantada, él volvió nuevamente por otro camino, para llevar a sus fieles compañeros hasta su casa, conforme les había prometido antes de iniciar el viaje.

En ese viaje, Livingstone descubrió las magníficas cataratas de Victoria, nombre que él dio a esas grandes caídas de agua en honor de la reina de Inglaterra. En ese lugar el río Zambeze tiene un ancho de más de un kilómetro; allí las aguas de ese gran río se precipitan espectacularmente desde una altura de cien metros.

Continuó predicando el evangelio constantemente, a veces a auditorios de más de mil naturales del país. Sobre todo, se esforzaba en ganar la estimación de las tribus hostiles por donde pasaba, con su conducta cristiana que era un gran contraste con la de los mercaderes de esclavos.

En un período de siete meses estando acompañado sólo de sus fieles macololos, cayó con fiebre en la selva treinta y una veces. Pero no era sólo el sufrimiento físico lo que lo afligía. Sus cartas revelan su angustia moral, al ver los horrores del pueblo africano masacrado y arrebatado de sus hogares, conducido como ganado para ser vendido en el mercado. Desde un lugar alto a donde subió contó diecisiete aldeas en llamas, incendiadas por esos nefandos mercaderes de seres humanos. Prometió a su esposa que se reuniría con su familia después de dos años, pero, ¡transcurrieron cuatro años y medio antes que ella recibiese alguna noticia de él!

Por fin, después de una ausencia de diecisiete años de su patria, regresó a Inglaterra. Volvió a la civilización y a reunirse con su familia, como quien vuelve de la muerte. Antes de desembarcar supo que su querido padre había fallecido. En toda la historia de David Livingstone, no se cuenta un acontecimiento más conmovedor que su encuentro con su esposa y sus hijos. En Inglaterra fue aclamado y honrado como un heroico descubridor y gran benefactor de la humanidad. Los diarios publicaban todos sus actos de valentía. Las multitudes afluían para oírlo contar su historia. "El doctor Livingstone era muy humilde... No le gustaba andar por la calle, por temor a ser atropellado por las multitudes. Cierto día, en la calle Regent en Londres, fue apretado por una multitud tan grande, que sólo con gran dificultad logró refugiarse en un coche. Por la misma razón evitaba ir a los cultos. Cierta vez, deseoso de asistir al culto, mi padre lo persuadió a ocupar un asiento debajo de la galería, en un lugar no visible para el auditorio. Pero fue descubierto y la gente pasó por encima de los bancos para rodearlo y estrecharle la mano."

Una de las muchas cosas que llevó a efecto, mientras permaneció en Inglaterra, fue la de escribir su libro: *Viajes misioneros*, obra que alcanzó una enorme circulación, y produjo más interés sobre la cuestión africana que cualquier otro acontecimiento anterior.

En el mes de marzo de 1858, a la edad de 46 años, Livingstone, acompañado de su esposa y el hijo menor Osvaldo, se embarcaron nuevamente para el Africa. Dejando a los dos en casa de su suegro, el misionero Moffat, Livingstone continuó sus viajes. En el año siguiente descubrió el lago Nyasa. Recibió también una carta de su esposa desde la casa de los padres de ella, en Curumá, informándole el nacimiento de una nueva hija... ¡Hacía casi un año! Sólo entonces pudo su padre conocer el acontecimiento.

Realizó exploración de los ríos Zambeze, Tete y Shiré, y la del lago Nyasa, con el propósito de saber cuáles eran los puntos más estratégicos para la evangelización, y luego enviaron misioneros desde Inglaterra para que ocupasen esos lugares.

En 1862 su esposa se reunió con él, de nuevo, y lo acompañó en sus viajes; pero tres meses después falleció víctima de la fiebre, y fue enterrada en una ladera verdeante en las márgenes del río Zambeze. En su diario, Livingstone escribió al respecto de esta manera: "La lloré, porque merece mis lágrimas. La amé cuando nos casamos y cuanto más tiempo vivíamos juntos, tanto más la amaba. Que Dios tenga piedad de nuestros hijos..."

Uno de los mayores obstáculos que Livingstone enfrentó en su obra misionera, fue el terror de los indígenas al ver un rostro de hombre blanco. Las aldeas enteras en ruinas; fugitivos escondiéndose en los campos de hierba alta, sin tener nada para comer; centenares de esqueletos y cadáveres insepultos; caravanas de hombres y mujeres esposados a los troncos asegurados al cuello, eran conducidos a los puertos — es difícil concebir la magnitud de la desolación creada por los hombres crueles que participaban del tráfico de la esclavitud.

Esos hombres procuraban también, con odio cruel y arte diabólica, acabar con la obra de Livingstone. Finalmente consiguieron por medio de la política de su país, inducir a Inglaterra a que lo llamase de regreso a su tierra. Fue así como Livingstone llegó de nuevo a su patria, después de una ausencia de cerca de ocho años.

Los creyentes y amigos de Inglaterra, animados por la visión de Livingstone, comenzaron a orar y a enviarle dinero para que continuase su obra en el continente negro. Y nuestro héroe desembarcó por tercera y última vez en el Africa, en Zanzíbar.

En la expedición que inició en Zanzíbar, descubrió los lagos Tanganyka (1867), Moero (1867) y Bangüeolo (1868). Pasó cinco largos años explorando las cuencas de esos lagos. La constante oración y el pan de la Palabra de Dios fueron su sustento espiritual durante todos esos años de prueba que sufrió debido a las crueldades de los negociantes de esclavos.

Resolvió entonces, hacer todo lo posible para descubrir la cabecera del río Nilo y resolver un problema que durante millares de años se había burlado de los geógrafos. Sabía que si descubriese el nacimiento del famoso Nilo, el mundo le daría oídos acerca de la llaga abierta que tenía el Africa con el comercio de los esclavos. Es interesante conocer lo que él escribió: "El mundo cree que yo busco fama; sin embargo, yo tengo una regla, es decir, no leo nada sobre los elogios que me hacen." El sabía que al acabarse la esclavitud, el continente se abriría para dejar entrar el evangelio.

Durante los largos intervalos que había entre los períodos en que sus cartas eran recibidas en Inglaterra, llegadas desde el corazón del Africa, circularon rumores de que Livingstone había muerto. No eran solamente los hombres que traficaban con esclavos, los que querían matarlo, sino también muchos de los propios naturales, que no creían que existiese un hombre blanco que fuese amigo de verdad. El mismo contó muchos hechos relacionados con las celadas que le prepararon en la tierra de Maniuema para matarlo. En ese lugar él escribió en su diario lo siguiente: "Leí toda la Biblia cuatro veces mientras estuve en Maniuema." En la soledad encontró un gran alivio en las Escrituras.

Reconocía siempre la posibilidad de perecer en manos de los enemigos, pero siempre respondía así a la insistencia de los amigos: "¿No puede el amor de Cristo constreñir al misionero a que vaya adonde el comercio ilegal lleva al mercader de esclavos?"

Por primera vez, en los millares de leguas que caminó, los pies del explorador le fallaron. Obligado a quedarse por algún tiempo en una cabaña, todos sus compañeros lo abandonaron, con excepción de tres que se quedaron con él.

Por fin, llegó a Ujiji, reducido a piel y huesos, por causa de la grave enfermedad que sufrió en Maniuema. No había recibido cartas desde hacía dos años y esperaba recibir también las provisiones que había enviado para allá. Sin embargo, las cartas no habían llegado, entonces, con el cuerpo enflaquecido y carente de ropas y de alimentos, vino a saber que le habían robado todo. En esa situación él escribió: "En mi pobreza me sentí como el hombre que, descendiendo de Jerusalén a Jericó, cayó en manos de ladrones. No tenía esperanza de que un sacerdote, un levita o un buen samaritano viniese en mi auxilio. Sin embargo, cuando mi alma estaba más abatida, el buen samaritano ya se hallaba muy cerca de mí."

El "buen samaritano" era Henry Stanley, enviado por el diario *New York Herald,* a insistencia de muchos millares de lectores de ese periódico, para saber con seguridad si Livingstone todavía vivía o, en el caso de que hubiese muerto, para que su cuerpo fuese devuelto a su patria.

Stanley pasó el invierno con Livingstone, quien se negó a ceder a la insistencia de volver a Inglaterra. Podía volver y descansar entre amigos con toda comodidad, pero prefirió quedarse y realizar su anhelo de abrir el continente africano al evangelio.

Realizó su último viaje con el propósito de explorar el Luapula, para verificar si ese río era el origen del Nilo o del Congo. En esa región llovía incesantemente. Livingstone sufría dolores atroces; día tras día se le iba volviendo más y más difícil caminar. Fue entonces que tuvo que ser cargado por vez primera, por sus fieles compañeros: Susi, Chuman y Jacó Wainwright, todos indígenas.

En su diario, las últimas notas que escribió, dicen lo siguiente: "Cansadísimo, estoy... recuperada la salud... Estamos en las márgenes del Mililamo."

Llegaron a la aldea de Chitambo, en Ilala, donde Susi hizo una cabaña para él. En esa cabaña, el 1º de mayo de 1873, el fiel Susi encontró a su bondadoso maestro, de rodillas, al lado de su cama — muerto. ¡Oró mientras vivió y partió de este mundo orando!

Sus dos fieles compañeros, Susi y Chuman, enterraron el corazón de Livingstone debajo de un árbol en Chitambo, secaron y embalsamaron el cuerpo y lo llevaron hasta la costa — viaje que duró varios meses, a través del territorio de varias tribus hostiles. El sacrificio de esos valientes hijos del Africa, sin que tuvieran ningún propósito de recibir remuneración económica alguna, no será olvidado por Dios, ni por el mundo.

El cuerpo después que hubo llegado a Zanzíbar, fue transportado para Inglaterra, donde fue sepultado en la Abadía de Westminster, entre los monumentos de los reyes y héroes de aquella nación. No había dudas con respecto al cuerpo de Livingstone; era fácil de identificarlo; el hueso por encima del brazo izquierdo tenía bien patentes las marcas de los dientes del león que lo atacara años atrás.

Entre los que asistieron a su entierro, se encontraban sus hijos y el viejo misionero Robert Moffat, padre de su querida esposa. La multitud estaba compuesta tanto de un pueblo humilde, que lo amaba, como de los grandes, que lo honraban y respetaban.

Se cuenta que entre la multitud que permanecía en las aceras de las calles de Londres, el día en que el cortejo que llevaba el cuerpo de David Livingstone pasó, había un viejo llorando amargamente. Al preguntarle por qué lloraba, respondió: "Es porque Davidcito y yo nacimos en la misma aldea, cursamos el mismo colegio y asistimos a la misma escuela dominical; trabajamos en la misma máquina de hilar, pero,

Davidcito se fue por *aquel camino* y yo por *éste*. Ahora él es honrado por la nación, mientras que yo soy despreciado, desconocido y deshonrado. El único futuro para mí es el entierro del borracho."

No es solamente el ambiente, sino las preferencias de nuestra juventud lo que determina nuestro destino, no solamente aquí en este mundo, sino para toda la eternidad.

Cuando Livingstone hablaba a los alumnos de la Universidad de Cambridge, en 1857, dijo lo siguiente: "Por mi parte, nunca ceso de regocijarme porque Dios me haya designado para tal oficio. El pueblo habla del sacrificio que yo he hecho en pasarme tan gran parte de mi vida en el Africa. ¿Es sacrificio pagar una pequeña parte de la deuda, deuda que nunca podremos liquidar, y que debemos a nuestro Dios? ¿Es sacrificio aquello que trae la bendita recompensa de la salud, el conocimiento de practicar el bien, la paz del espíritu y la viva esperanza de un glorioso destino? ¡No hay tal cosa! Y lo digo con énfasis: No es sacrificio... Nunca hice un sacrificio. No debemos hablar de sacrificio, si recordamos el gran sacrificio que hizo Aquel que descendió del trono de su Padre, de allá de las alturas, para entregarse por nosotros."

Si Livingstone no se hubiese enfermado, habría descubierto la cabecera del Nilo. Durante los treinta años que pasó en el Africa, nunca se olvidó del propósito que tenía de llevar a Cristo a los pueblos de ese obscuro continente. Todos los viajes que realizó, eran viajes misioneros.

Grabadas en su tumba se pueden leer estas palabras: "El corazón de Livingstone permanece en el Africa, su cuerpo descansa en Inglaterra, pero su influencia continúa."

Pero grabadas en la historia de la iglesia de Cristo están los grandes éxitos alcanzados en el Africa durante un período de más de 75 años después de su muerte, éxitos inspirados en gran parte, por las oraciones y por la gran persistencia de ese gran siervo que fue fiel hasta la muerte.

JUAN PATON

Misionero a los antropófagos

1824-1907

Cerca de Dalswinton, en Escocia, vivía un matrimonio conocido en toda la región como los viejos Adán y Eva. A ese hogar llegó de visita, cierta vez, una sobrina, Janet Rogerson. Es de suponerse que no hubiese muchas cosas en aquella casa aislada de un par de ancianos, que pudiesen distraer a la joven siempre viva y alegre. Pero algo le atrajo su interés; cierto muchacho llamado Santiago Paton, entraba, día tras día, en el bosque próximo a la casa. Llevaba siempre un libro en la mano, como si él fuese allí con el propósito de estudiar y meditar. Cierto día, la jovencita, vencida por la curiosidad, entró furtivamente por entre los árboles y espió al muchacho que recitaba los Sonetos Evangélicos de Erskine. Su curiosidad se convirtió en una santa admiración cuando el joven, dejando el sombrero a un lado, en el suelo, se arrodilló debajo de un árbol para derramar su alma en oración ante Dios. Ella, con su espíritu juguetón, avanzó y le colgó el sombrero en una rama del árbol que estaba más próximo. En seguida se escondió en donde pudo, para presenciar cómo el muchacho, perplejo, iba a estar buscando su sombrero. Al día siguiente la escena se repitió. Pero el corazón de la muchacha se conmovió al ver la perturbación del joven, inmóvil por algunos minutos, con el sombrero en la mano. Fue así como él, al volver al día siguiente al lugar donde se arrodillaba diariamente, encontró una tarjeta prendida en el árbol. La tarjeta decía lo siguiente: "La persona que escondió su sombrero se confiesa sinceramente arrepentida de haberlo hecho y le pide que ore, rogando a Dios que la convierta en una creyente tan sincera como lo es usted."

El joven se quedó mirando por algún tiempo la tarjeta, olvidándose completamente de los Sonetos aquel día. Por fin, desprendió la tarjeta del árbol, y estaba reprochándose por no haberse dado cuenta de que era un ser humano quien le había escondido el sombrero en dos ocasiones, más tarde vio entre los árboles, una muchacha que llevaba un balde en la mano, cantando un himno escocés que pasaba frente a la casa del viejo Adán.

En aquel momento el muchacho, por instinto divino y en forma tan infalible como por cualquier voz que jamás hablara a un profeta de Dios, supo que la visita angélica que había invadido su retiro de oración, era la gentil y hábil sobrina de los viejos Adán y Eva. Santiago Paton todavía no conocía a Janet Rogerson, pero había oído hablar de sus extraordinarias cualidades intelectuales y espirituales.

Es probable que Santiago Paton comenzase a orar por ella — en un sentido diferente de aquel que ella le pidiera. De cualquier manera, la joven había hurtado, no solamente el sombrero del muchacho, sino también su leal corazón — un hurto que tuvo como resultado el casamiento de los dos.

Santiago Paton, fabricante de medias del condado de Dunfries y su esposa Janet, andaban, como Zacarías y Elizabeth en la antigüedad, en forma irreprensible delante del Señor. Cuando les nació el primogénito, le pusieron el nombre de Juan, dedicándolo solemnemente a Dios, en sus oraciones, para que fuese misionero a los pueblos que no tenían la oportunidad de conocer a Cristo.

Entre la casa propiamente dicha, en que vivía la familia Paton, y la parte que servía de fábrica, había un pequeño aposento. Acerca de ese cuarto, Juan Paton escribió lo siguiente:

"Ese era el santuario de nuestra humilde casa. Varias veces al día, generalmente después de las comidas, nuestro padre entraba en aquel cuarto y, "cerrada la puerta", oraba. Nosotros, sus hijos, comprendíamos como por instinto espiritual, que esas oraciones eran por nosotros, como sucedía en la antigüedad cuando el sumo sacerdote entraba detrás del velo al Lugar Santísimo, para interceder en favor del pueblo. De vez en cuando se oía el eco de una voz, en un tono como de quien suplica por la vida; pasábamos delante de esa puerta de puntillas, a fin de no perturbar esa santa e íntima conversación. El mundo exterior no sabía de dónde provenía el gozo que resplandecía en el rostro de nuestro padre; pero nosotros, sus hijos, sí lo sabíamos; era el reflejo de la Presencia divina, la cual era siempre una realidad para él en la vida cotidiana. Nunca espero sentir, ni en el templo, ni en las sierras, ni en los valles, a Dios más cerca, más visible, andando y conversando más íntimamente con los hombres, que en aquella humilde casa cubierta de paja. Si, debido a una catástrofe indecible, todo cuanto pertenece a la religión fuese borrado de mi memoria, mi alma volvería de nuevo a los tiempos de mi mocedad: se encerraría en aquel santuario, y al oír nuevamente los ecos de aquellas súplicas a Dios, lanzaría lejos toda duda con este grito victorioso: *Mi padre anduvo con Dios; ¿por qué no puedo andar yo también?*"

En la autobiografía de Juan Paton se ve que sus luchas diarias eran grandes. Pero lo que leemos a continuación, revela cuál era la fuerza que operaba para que él siempre avanzase en la obra de Dios:

"Antes, sólo se celebraban cultos domésticos los domingos en la casa de mis abuelos: pero mi padre indujo a mi abuela primero, y luego a todos los miembros de la familia, para que orasen y leyesen un pasaje de la Biblia y cantasen un himno diariamente, por la mañana y por la noche. Fue así que mi padre comenzó, a los diecisiete años de edad, la bendita costumbre de celebrar cultos matinales y vespertinos en su casa; ésa fue una costumbre que observó, tal vez, sin ninguna excepción, hasta que se halló en el lecho de muerte, a los 78 años de edad; cuando aun en ese su último día de vida se leyó un pasaje de las Escrituras, y se oyó su voz mientras oraba. Ninguno de sus hijos se recuerda de un solo día que no hubiese sido así santificado; muchas veces había prisa por atender algún negocio; innúmeras veces llegaban amigos, disfrutábamos de momentos de gran gozo o de profunda tristeza; pero nada nos impedía que nos arrodillásemos alrededor del altar familiar, mientras el sumo sacerdote dirigía nuestras oraciones a Dios y se ofrecía a sí mismo y a sus hijos al mismo Señor. La luz de tal ejemplo era una bendición, tanto para el prójimo, como para nuestra familia. Muchos años después me contaron que la mujer más depravada de la villa, una mujer de la calle, pero que más tarde fue salvada y reformada por la gracia divina, declaró que la única cosa que evitó que cometiese suicidio fue que, encontrándose ella una noche obscura cerca de la ventana de la casa de mi padre, lo oyó implorando en el culto doméstico, que Dios convirtiese "al impío del error de su camino y lo hiciese lucir como una joya en la corona del Redentor". "Vi", dijo ella, "cómo yo era un gran peso sobre el corazón de ese buen hombre, y sabía que Dios respondería a sus súplicas. Fue por causa de esa seguridad que no entré al infierno y que encontré al único Salvador."

No es de admirarse que en tal ambiente, tres de los once hijos, Juan, Walter y Santiago, fuesen inducidos a entregar su vida a la obra más gloriosa, que es la de ganar almas. Creemos que este punto no estaría completo si no le añadiésemos un párrafo más de la misma autobiografía:

"Hasta qué punto fui impresionado en ese tiempo por las oraciones de mi padre, no lo puedo decir, ni nadie podría comprenderlo. Cuando todos nos encontrábamos arrodillados alrededor de él en el culto doméstico, y él, igualmente de rodillas, derramaba toda su alma en oración, con lágrimas, no sólo por todas las necesidades personales y domésticas, sino también por la conversión de aquella parte del mundo donde no había predicadores para servir a Jesús, nos sentíamos en la presencia del Salvador vivo y llegamos a conocerlo y amarlo como nuestro Amigo divino. Cuando nos levantábamos después de esas oraciones, yo acostumbraba quedarme contemplando la luz que reflejaba el rostro de mi padre y ansiaba tener el mismo espíritu; anhelaba, como respuesta a sus oraciones, tener la oportunidad de prepararme y salir, llevando el bendito evangelio a una parte del mundo que estuviese entonces sin misionero."

Acerca de la disciplina en el hogar, veremos aquí lo que él escribió:

"Si había algo realmente serio para corregir, mi padre se retiraba primeramente al cuarto de oración, y nosotros comprendíamos que él estaba llevando el caso ante Dios; ¡ésa era la parte más severa del castigo para mí! Yo estaba listo a encarar cualquier castigo, pero esto que él hacía penetraba en mi conciencia como un mensaje de Dios. Amábamos aún más a nuestro padre al ver cuánto tenía que sufrir para castigarnos, y, de hecho, tenía muy poco que castigar, pues nos dirigía a todos nosotros, sus once hijos, mucho más mediante el amor que mediante el temor."

Por fin llegó el día en que Juan tenía que dejar el hogar paterno. Sin tener dinero para el pasaje y con todo lo que poseía, incluyendo una Biblia, envuelta en un pañuelo, salió a pie para ir a trabajar y a estudiar en Glasgow. El padre lo acompañó durante una distancia de nueve kilómetros. Durante el último kilómetro, antes de separarse, los dos caminaron sin decirse una palabra — el hijo sabía por el movimiento de los labios de su padre, que él iba orando en su corazón, por él. Al llegar al lugar donde debían separarse uno del otro, el padre balbuceó: "¡Que Dios te bendiga hijo mío! ¡Que el Dios de tu padre te prospere y te guarde de todo mal!" Después de abrazarse mutuamente el hijo salió corriendo, mientras el padre de pie en medio del camino, inmóvil, con el sombrero en la mano y las lágrimas corriéndole por el rostro, continuaba orando con todo su corazón. Algunos años después el hijo confesó que esa escena se le había quedado grabada en su alma, y lo estimulaba como un fuego inextinguible a no desilusionar a su padre en lo que de él esperaba, es decir, que siguiese su bendito ejemplo de andar siempre con Dios.

Durante los tres años de estudios que pasó en Glasgow, a pesar de trabajar con sus propias manos para sustentarse, Juan Paton hizo, en el gozo del Espíritu Santo, una gran obra en la siega del Señor. No obstante, resonaba constantemente en sus oídos el clamor de los salvajes de las islas del Pacífico y ése fue el asunto que ocupó principalmente sus meditaciones y oraciones diarias. Había otros que podían continuar la obra que él hacía en Glasgow, pero ¡¿Quién deseaba llevar el evangelio a esos pobres bárbaros?!

Al declarar su resolución de ir a trabajar entre los antropófagos de las Nuevas Hébridas, casi todos los miembros de su iglesia se opusieron a su salida. Uno de los más estimados hermanos así se explicó: "Entre los antropófagos! ¡Será comido por los antropófagos!" A eso Juan Paton respondió: "Usted hermano, es mucho mayor que yo, y en breve será sepultado y luego será comido por los gusanos; le digo a usted hermano, que si yo logro vivir y morir sirviendo y honrando al Señor Jesús, no me importará ser comido por los antropófagos o por los gusanos; en el gran día de la resurrección mi cuerpo se levantará tan bello como el suyo, a semejanza del Redentor resucitado."

En efecto, las Nuevas Hébridas habían sido bautizadas con sangre de mártires. Los dos misioneros Williams y Harris que habían sido enviados para evangelizar esas islas pocos años antes, fueron muertos a garrotazos, y sus cadáveres fueron cocidos y comidos. "Los pobres salvajes no sabían que habían asesinado a sus amigos más fieles; así pues, los creyentes de todos los lugares al recibir la noticia del martirio de los dos, oraron con lágrimas por esos pueblos despreciados."

Y Dios oyó sus súplicas llamando entre otros a Juan Paton. Sin embargo, la oposición a su salida era tal que él resolvió escribir a sus padres. Mediante su respuesta llegó a saber que ellos lo habían dedicado para tal servicio el mismo día de su nacimiento. Desde ese momento, Juan Paton ya no tuvo más duda de que ésa era la voluntad de Dios, y decidió en su corazón emplear toda su vida sirviendo a los indígenas de las islas del Pacífico.

Nuestro héroe nos cuenta muchas cosas de interés acerca del largo viaje en barco de vela a las Nuevas Hébridas. Casi al fin del viaje se quebró el mástil del navío. Las aguas los llevaban lentamente para Tana, una isla de antropófagos, donde todo su equipaje habría sido saqueado y todos los de a bordo cocidos para ser comidos. Sin embargo, Dios oyó sus súplicas y alcanzaron otra isla. Unos meses después fueron a la misma isla de Tana, donde consiguieron comprar un terreno de los salvajes y edificar una casa. Resulta conmovedor leer que construyeron la casa sobre los mismos cimientos que había echado el misionero Turner quince años antes, y quien tuvo que huir de la isla para escapar de ser muerto y comido por los salvajes.

Acerca de su primera impresión sobre la gente, Paton escribió: "Estuve al borde de la mayor desesperación. Al ver su desnudez y miseria sentí tanto horror como piedad. ¿Había yo dejado la obra entre mis amados hermanos de Glasgow, obra en la que sentía un gran gozo para dedicarme a criaturas tan degeneradas como éstas? Me pregunté a mí mismo: '¿Será posible enseñarles a distinguir entre el bien y el mal, y llevarlos a Cristo, o aun civilizarlos?' Pero todo eso fue apenas un sentimiento pasajero. Luego sentí un deseo tan profundo de llevarlos al conocimiento y al amor de Jesús, como jamás había sentido antes cuando trabajaba en Glasgow."

Antes de que la casa donde irían a vivir los Paton estuviese terminada, hubo una batalla entre dos tribus. Las mujeres y los niños huyeron hacia la playa, donde conversaban y reían ruidosamente, como si sus padres y hermanos estuviesen ocupados en algún trabajo pacífico. Pero mientras los salvajes gritaban y se empeñaban en conflictos sangrientos, los misioneros se entregaban a la oración por ellos. Los cadáveres de los muertos fueron llevados por los vencedores hasta una caldera de agua hirviendo, donde fueron cocinados y comidos. En la noche todavía se escuchaba el llanto y los gritos prolongados de las aldeas vecinas. Los misioneros fueron informados de que un guerrero, herido en la batalla, había acabado de morir en su casa. Su viuda fue estrangulada inmediatamente, conforme a la costumbre, para que su espíritu acompañase al espíritu del marido y continuase sirviéndole de esclava.

Los misioneros entonces, en ese ambiente de la más repugnante superstición, de la más baja crueldad y de la más flagrante inmoralidad, se esforzaron por aprender a usar todas las palabras posibles de ese pueblo que no conocía la Escritura. Anhelaban hablar de Jesús y del amor de Dios a esos seres que adoraban árboles, piedras, fuentes, riachos, insectos, espíritus de los hombres fallecidos, reliquias de cabellos y uñas, astros, volcanes, etc. etc.

La esposa de Paton era una colaboradora muy esforzada y en el espacio de pocas semanas reunió a ocho mujeres de la isla y las instruía diariamente. Tres meses después de la llegada de los misioneros a la isla, la esposa de Paton falleció de malaria y un mes después su hijito también murió. ¡Resulta imposible describir el inmenso pesar que sentía Paton durante los años que trabajó sin su colaboradora en Tana! A pesar de casi haber muerto también de malaria; a pesar de que los creyentes insistían en que volviese a su tierra; y a pesar de que los indígenas hacían un plan tras otro plan para matarlo y luego comérselo, ese héroe permaneció orando y trabajando fielmente en el puesto donde Dios lo había colocado.

Se construyó un templo y un buen número de indígenas se congregaba allí para oír el mensaje divino. Paton no solamente logró llevar la lengua de los tanianos a la forma escrita, sino que también tradujo a esa lengua una parte de las Escrituras, la cual imprimió, a pesar de no conocer el arte tipográfico. Acerca de esa gloriosa hazaña de imprimir el primer libro en taniano, él escribió lo siguiente: "Confieso que grité de alegría cuando la primera hoja salió de la prensa, con todas las páginas en orden adecuado; era entonces la una de la mañana. Yo era el único hombre blanco en la isla, y hacía horas que todos los nativos dormían. No obstante, tiré mi sombrero al aire y dancé como un chiquillo, durante algún tiempo, alrededor de la máquina impresora.

"¿Habré perdido la razón? ¿No debería yo, como misionero, estar de rodillas alabando a Dios, por esta nueva prueba de su gracia? ¡Creedme amigos, mi culto fue tan sincero como el de David, cuando danzó delante del Arca de su Dios! No debéis pensar que, después de que estuvo lista la primera página, yo no me arrodillé pidiendo al Todopoderoso que propagase la luz y la alegría de su santo Libro en los corazones entenebrecidos de los habitantes de aquella tierra inculta."

Luego, cuando Paton había pasado tres años en Tana, una pareja de misioneros que vivía en la isla vecina, Erromanga, fue martirizada bárbaramente a hachazos, en pleno día. Cuando se cumplieron cuatro años de estar viviendo en Tana, el odio de los indígenas de esa isla llegó al máximo. Diversas tribus acordaron matar al "indefenso" misionero y acabar de esa manera con la religión del Dios de amor en toda la isla. Sin embargo, como él mismo se declaraba *inmortal hasta acabar su obra en la tierra,* eludía, en pleno campo, los innúmeros lanzazos, hachazos y porrazos que le dirigían los indígenas, y así, logró escapar a la isla de Aneitium. Entonces decidió ocuparse en la obra de traducción del resto de los

Evangelios a la lengua taniana, mientras esperaba la oportunidad de volver a Tana. Con todo, se sintió dirigido a aceptar un llamado para ir a Australia. En el transcurso de unos meses, animó a las iglesias a que compraran una embarcación de vela para el servicio de los misioneros. También las instó a que contribuyesen liberalmente y que enviasen más misioneros para evangelizar todas las islas.

Acerca de su viaje a Escocia, después de haber pasado algunos años en las Nuevas Hébridas, él escribió: "Fui en tren a Dunfries, y allí encontré transporte para ir a mi querido hogar paterno donde fui acogido con muchas lágrimas. Solamente habían transcurrido cinco cortísimos años desde que yo había salido de ese santuario con mi joven esposa, y ahora, ¡ay de mí! madre e hijo yacían en su tumba en Tana, abrazados, hasta el día de la resurrección... No fue con menos gozo, a pesar de sentirme angustiado, que, pocos días después me encontré con los padres de mi querida y desaparecida esposa."

Antes de partir de Escocia en su nuevo viaje, Paton se casó con la hermana de otro misionero. Llamada por Dios a trabajar entre los naturales de las Nuevas Hébridas, sumergidos en las tinieblas, ella sirvió como fiel compañera de su marido por muchos años.

"Lo último que hice en Escocia fue arrodillarme en el hogar paterno, durante el culto doméstico, mientras mi venerado padre, como sacerdote de cabellos blancos nos encomendaba, una vez más, 'a los cuidados y protección de Dios, Señor de las familias de Israel.' Yo sabía por cierto, cuando nos levantamos después de la oración y nos despedimos unos de otros, que no nos encontraríamos más con ellos antes del día de la resurrección. No obstante, mi padre y mi querida madre nos ofrecieron de nuevo al Señor con corazones alegres, para su servicio entre los salvajes.

Más tarde mi querido hermano me escribió que la 'espada' que traspasó el alma de mi madre fue demasiado aguda y que después de nuestra partida, ella estuvo por mucho tiempo como muerta en los brazos de mi padre."

De regreso a las islas, Paton fue constreñido por el voto de todos los misioneros a no volver a Tana, sino a iniciar la obra en la vecina isla de Aniwa. De esa manera, tuvo que aprender otra lengua y comenzar todo de nuevo. ¡Al preparar el terreno para la construcción de la casa, Paton llegó a juntar dos cestas de huesos humanos, provenientes de víctimas devoradas por los habitantes de la isla!

"Cuando esas pobres criaturas comenzaban a usar un pedacito de tela, o un faldón, era señal exterior de una transformación, a pesar de estar muy lejos de la civilización. Y cuando comenzaban a mirar hacia arriba a orar a Aquel a quien llamaban 'Padre, nuestro Padre', mi corazón se derretía en lágrimas de gozo; y sé por cierto que había un Corazón divino en los cielos que estaba regocijándose también."

Con todo, igual que en Tana, Paton se consideraba inmortal hasta que completase la obra que le había sido designada por Dios. Innúmeras fueron las veces que evitó la muerte agarrando el arma levantada contra él por los salvajes para matarlo.

Por fin, la fuerza de las tinieblas unidas contra el Evangelio en Aniwa cedió. Eso tuvo lugar cuando él cavó un pozo en la isla. Para los indígenas el agua de coco era suficiente para satisfacer su sed, porque se bañaban en el mar; usaban un poco de agua para cocinar — ¡y ninguna para lavar la ropa! Pero para los misioneros la falta de agua dulce era el mayor sacrificio, y Paton resolvió cavar un pozo.

Al principio los indígenas lo ayudaron en esa obra, a pesar de que consideraban que el plan "de que el

Dios del misionero proporcionara lluvia desde abajo", era la concepción de una mente extraviada. Pero después, amedrentados por la profundidad del pozo, dejaron que el misionero continuase cavando solo, día tras día, mientras lo contemplaban desde lejos, diciendo entre sí: "¡¿Quién oyó jamás hablar de una lluvia que venga desde abajo?! ¡Pobre misionero! ¡Pobrecito!" Cuando el misionero insistía en decirles que el abastecimiento de agua en muchos países provenía de pozos, ellos respondían: "Es así como suelen hablar los locos; nadie puede desviarlos de sus ideas fijas."

Después de muchos y largos días de trabajo fatigante, Paton alcanzó tierra húmeda. Confiaba en que Dios lo ayudaría a obtener agua dulce como respuesta a sus oraciones. A esa altura, sin embargo, al meditar sobre el efecto que causaría entre la gente si encontrase agua salada, se sentía casi horrorizado al pensar en ello. "Me sentí" escribió él, "tan conmovido, que quedé bañado en sudor y me temblaba todo el cuerpo cuando el agua comenzó a brotar de abajo y empezó a llenar el pozo. Tomé un poco de agua en la mano y la llevé a la boca para probarla. ¡Era agua! ¡Era agua potable! ¡Era agua viva del pozo de Jehová!"

Los jefes indígenas acompañados de todos sus hombres asistieron a este acontecimiento. Era una repetición, en pequeña escala, de la escena de los israelitas que rodeaban a Moisés cuando éste hizo brotar agua de la roca. Después de pasar algún tiempo alabando a Dios, el misionero se sintió más tranquilo y bajó nuevamente al pozo, llenó un jarro con "la lluvia que Jehová Dios le daba mediante el pozo", y se lo entregó al jefe. Este sacudió el jarro para ver si realmente había agua en él; entonces tomó un poco de agua en la mano, y no satisfecho con eso, llevó a la boca un poco más. Después de revolver los ojos de alegría, la bebió y rompió en gritos: "¡Lluvia! ¡Lluvia! ¡Sí; es verdad, es lluvia! ¿Pero, cómo la conseguiste?" Paton respondió: "Fue Jehová, mi Dios, quien la dio de su tierra en respuesta a nuestra labor y nuestras oraciones. ¡Mirad y ved, por vosotros mismos, cómo brota el agua de la tierra!"

Entre toda esa gente no había un solo hombre que tuviese el valor de acercarse a la boca del pozo; entonces formaron una larga fila y asegurándose los unos a los otros con las manos, fueron avanzando hasta que el hombre que estaba al frente de la fila pudiese mirar dentro del pozo; Enseguida, el que había mirado, entonces pasaba al fin de la "cola", dejando que el segundo mirase para ver la "lluvia de Jehová, allí, bien abajo".

Después que todos hubieron mirado, uno por uno, el jefe se dirigió a Paton diciéndole: "¡Misionero, la obra de tu Dios, Jehová, es admirable, es maravillosa! Ninguno de los dioses de Aniwa jamás nos bendijo tan maravillosamente. Pero, misionero, ¿continuará El dándonos siempre esa lluvia en esa forma? o, ¿vendrá como la lluvia de las nubes?" El misionero explicó, para gozo inefable de todos, que esa bendición era permanente y para todos los aniwaianos.

Durante los años siguientes a este acontecimiento, los nativos trataron de cavar pozos en seis o siete de los lugares más probables, cerca de varias villas. Sin embargo, todas las veces que lo hicieron, o se encontraron con roca, o el pozo les daba agua salada. Entonces se decían: "Sabemos cavar, pero no sabemos orar como el misionero, y por lo tanto, ¡Jehová no nos da lluvia desde abajo!"

Un domingo, después que Paton había conseguido el agua de pozo, el jefe Namakei convocó a todo el pueblo de la isla. Haciendo ademanes con una hachita en la mano, se dirigió a los oyentes de la siguiente manera: "Amigos de Namakei, todos los poderes del mundo no podrían obligarnos a creer que fuese posible recibir la lluvia de las entrañas de la tierra, si no lo hubiésemos visto con nuestros propios ojos y probado con nuestra propia boca... Desde ahora, pueblo mío, debo adorar al Dios que nos abrió el pozo y nos da la lluvia desde abajo. Los dioses de Aniwa no pueden socorrernos como el Dios del misionero. De aquí en adelante, yo soy un seguidor del Dios Jehová. Todos vosotros, los que quisiéreis hacer lo mismo, tomad los ídolos de Aniwa, los dioses que nuestros padres temían, y lanzadlos a los pies del misionero... Vamos donde el misionero para que él nos enseñe cómo debemos servir a Jehová... Quien envió a su Hijo, Jesús, para morir por nosotros y llevarnos a los cielos."

Durante los días siguientes, grupo tras grupo de salvajes, algunos con lágrimas y sollozos, otros con gritos de alabanzas a Jehová, llevaron sus ídolos de palo y de piedra y los lanzaron en montones delante del misionero. Los ídolos de palo fueron quemados; los de piedra, enterrados en cuevas de 4 a 5 metros de profundidad, y algunos, de mayor superstición, fueron lanzados al fondo del mar, lejos de la tierra.

Uno de los primeros pasos en la vida cotidiana de la isla, después de que se destruyeron todos los ídolos, fue la invocación de la bendición del Señor en las comidas. El segundo paso, una sorpresa mayor y que también llenó al misionero de inmenso gozo, fue un acuerdo entre ellos de celebrar un culto doméstico por la mañana y otro por la noche. Sin duda esos cultos estaban mezclados, por algún tiempo, con muchas de las supersticiones del paganismo.

Pero Paton tradujo las Escrituras y las imprimió en la lengua aniwaiana, y enseñó al pueblo a leerlas. La transformación que sufrió el pueblo de esa isla fue una de las maravillas de los tiempos modernos. ¡Qué emoción tan grande se siente al leer acerca de la ternura que el misionero sentía por esos amados hijos en la fe, y del cariño que ellos, los otrora crueles salvajes que se comían los unos a los otros, mostraban para con el misionero!

¡Ojalá que nuestro corazón arda también en deseos de ver la misma transformación de los millones de habitantes primitivos que hay aún en tantas partes del mundo!

Paton describió la primera Cena del Señor que celebraron en Aniwa, con las siguientes palabras: "Al colocar el pan y el vino en las manos de esos ex antropófagos, otrora manchadas de sangre y ahora extendidas para recibir y participar de los emblemas del amor del Redentor, me anticipé al gozo de la gloria hasta el punto de que mi corazón parecía salírseme del pecho. ¡Yo creo que me sería imposible experimentar una delicia mayor que ésta, antes de poder contemplar el rostro glorificado del propio Jesucristo!"

Dios no solamente le concedió a nuestro héroe el inefable gozo de ver a los aniwaianos ir a evangelizar las islas vecinas, sino también el gozo de ver a su propio hijo, Frank Paton, y a su esposa, ir a vivir en la isla de Tana, para continuar la obra que él había comenzado con el mayor sacrificio.

Fue a la edad de 83 años que Juan G. Paton oyó la voz de su precioso Jesús, llamándolo para el hogar eterno. ¡Cuán grande ha sido su gozo, no solamente al reunirse con sus queridos hijos de las islas del sur del Pacífico, los cuales habían entrado al cielo antes que él, sino también al poder dar la bienvenida a los otros que van llegando allí, uno por uno!

HUDSON TAYLOR
Padre de la misión en el interior de la China
1832-1905

Santiago Taylor se había levantado temprano, de madrugada. Había llegado, por fin, el anunciado y tan anhelado día de su casamiento; el joven se ocupaba de arreglar todo para recibir a su novia en la casa que irían a ocupar. Mientras trabajaba, estaba meditando sobre los acontecimientos recientes que habían ocurrido en la aldea.

Dos familias, la de los Cooper y la de los Shaw, se habían convertido e invitaron a Juan Wesley a que predicase en la feria. El anciano predicó sobre "La ira venidera" de tal manera, que el pueblo desistió de su amarga persecución, dejando al intrépido orador que se hospedase en la casa del señor Shaw.

Mientras Santiago preparaba la casa para la llegada de la novia, se escuchaba la voz de la vecina, la señora de Shaw, que estaba cantando. Recordó entonces de cómo ella, meses antes, pasaba todo el tiempo en cama, gimiendo día tras día por causa de su reumatismo que la había dejado imposibilitada. Pero cuando "confió en el Señor", como ella dijo, para su cura inmediata, muy grande fue su transformación. Asimismo, indecible fue la sorpresa de su marido cuando volvió a la casa: su esposa no solamente estaba curada y de pie, sino ¡estaba barriendo la cocina!

Santiago Taylor odiaba la religión. Aún más: ése era el día en que él se iba a casar. Después de la boda iban a bailar y a beber, como se hacía en tales ocasiones. Sin embargo, no podía librarse de las palabras, tal vez oídas en el sermón del predicador: *Pero yo y mi casa serviremos al Señor.*

Sí, iba a tomar una esposa e iba a asumir las responsabilidades de marido y de padre de familia. Hasta allí había sido muy grande su descuido. Resuelto entonces a entrar seriamente en la vida de casado, comenzó a repetir las palabras: *¡Serviremos al Señor!*

Las horas fueron transcurriendo. El sol subía más y más en el cielo, bañando con su luz las casas cubiertas de nieve. Pero el joven Santiago, olvidado de todo lo que es material, y tomado por la realidad de las cosas eternas, permaneció de rodillas, frente a frente a Dios. Por fin el amor del Salvador venció el corazón de Santiago Taylor, quien se levantó poseído de Jesucristo.

Podemos imaginarnos cómo repicaban las campanas, cómo la novia y los invitados se impacientaban ese día. Había pasado la hora para el culto del casamiento, cuando el joven volvió en sí y se levantó de la oración. Después de vestirse, el joven recorrió con rapidez los tres kilómetros que lo separaban de la aldehuela de Royston.

Sin perder tiempo en preguntar al muchacho la razón de tanto atraso, se realizó el culto y Santiago y Elizabeth salieron de la iglesia, casados. El joven no vaciló, sino que al salir de la iglesia, contó todo lo relativo a su conversión al oído de Betty. Al oír lo que él le relataba, ella exclamó en un tono de desesperación: "¡Entonces me he casado con uno de esos metodistas!"

Ese día no hubo baile; la voz y el violín del novio se

usaron para glorificar al Maestro. Betty, a pesar de saber en su corazón que Santiago tenía la razón, continuó resistiendo y quejándose día tras día. Entonces, cierto día cuando ella se mostraba aún más contrariada, el robusto Santiago la levantó en sus brazos y la llevó al cuarto, donde se arrodilló a su lado, derramando toda su alma en oración por ella. Conmovida por la profunda pena y el cuidado que Santiago sentía por su alma, ella comenzó a sentir también su pecado y al día siguiente, de rodillas al lado de su marido, Elizabeth Taylor clamó a Dios, renunciando a la vanidad del mundo y entregándose a Cristo.

Es así, con los bisabuelos, que comienza la verdadera biografía del héroe de la fe, Hudson Taylor. Los abuelos y los padres, en su orden, criaron a sus hijos en el mismo temor de Dios.

En un memorable día, antes del nacimiento de Hudson, el primogénito de la familia, el padre llamó a su esposa para conversar sobre un pasaje de las Escrituras que lo impresionaba profundamente. En su Biblia le leyó una parte de los capítulos 13 del Exodo y 3 de Números; *Conságrame todo primogénito... Mío es todo primogénito... Míos serán... Dedicarás a Jehová todo aquel que abriere matriz...*

Los dos esposos conversaron durante largo rato sobre la alegría que los esperaba. Entonces, de rodillas, entregaron su primogénito al Señor, pidiéndole que ya desde ese momento lo separase para su obra.

Santiago Taylor, el padre de Hudson, no solamente oraba fervorosamente por sus cinco hijos, sino que también les enseñó a todos a pedir a Dios todas las cosas detalladamente. Arrodillados diariamente al lado de la cama, el padre colocaba el brazo alrededor de cada uno, mientras oraba insistentemente por él. Insistía en que cada miembro de la familia pasase también, al menos media hora todos los días, ante Dios renovando su alma por medio de la oración y el estudio de las Escrituras.

La puerta cerrada del cuarto de la madre diariamente, al mediodía, a pesar de las constantes e innumerables obligaciones de ella, tenía también una gran influencia sobre todos, puesto que sabían que ella se postraba delante de Dios para renovar sus fuerzas, y para pedir que el prójimo se sintiese atraído al Amigo invisible que habitaba en ella.

No es de admirarse, por lo tanto, que al crecer Hudson se consagrase enteramente a Dios. El gran secreto de su increíble éxito era que cuando carecía de algo, fuera espiritual o material, él siempre recurría a Dios y recibía de El los tesoros infinitos.

No obstante, no debemos pensar que la juventud de Hudson Taylor estuviese exenta de grandes luchas. Como sucede con muchas personas, el joven llegó a la edad de diecisiete años sin reconocer a Cristo como su Salvador. Acerca de eso él escribió más tarde lo siguiente:

"Puede parecer extraño, pero me siento agradecido por el tiempo que pasé en el escepticismo. Lo absurdo de que hay creyentes que profesan creer en la Biblia, mientras que se comportan justamente como si tal Libro no existiese, era uno de los más fuertes argumentos de mis compañeros de escepticismo. Frecuentemente yo afirmaba que si yo aceptase la Biblia, al menos haría todo lo posible por seguir sus enseñanzas, y en el caso de que yo no las hallase de un valor práctico, lanzaría todo para afuera. Esa fue mi resolución cuando el Señor me salvó. Yo creo que desde entonces realmente he verificado la Palabra de Dios. Ciertamente, nunca he tenido que arrepentirme por haber confiado en sus promesas o por haber seguido sus normas.

"Por eso quiero contarles cómo Dios respondió a las oraciones, que mi madre y mi hermana querida elevaron al Señor por mi conversión.

"Cierto día, para mí inolvidable... con el fin de distraerme, tomé un folleto de la biblioteca de mi padre. Pensé leer el comienzo de la historia pero no la exhortación del fin.

"Yo no sabía lo que sucedía en ese mismo instante en el corazón de mi querida madre, quien se encontraba a más de cien kilómetros de distancia. Ella se había levantado de la mesa anhelando la salvación de su hijo. Hallándose lejos de su familia, y libre de los quehaceres domésticos, entró en su cuarto resuelta a no salir de ahí hasta que no recibiese una respuesta a sus oraciones. Oró durante varias horas hasta que por fin, sólo pudo alabar a Dios, puesto que el Espíritu Santo le reveló que el hijo por quien había estado orando, ya se había convertido.

"Yo, como ya lo mencioné, fui guiado al mismo tiempo a leer el folleto. Entonces mi atención fue atraída por las siguientes palabras: *La obra consumada*. Me pregunté a mí mismo: '¿Por qué el escritor no escribió: La obra propiciatoria? ¿Cuál es la obra consumada?' Entonces me di cuenta de que la propiciación de Cristo era plena y perfecta. Toda la deuda de nuestros pecados quedó pagada, y no me quedaba nada por hacer. En ese momento sentí una gloriosa convicción, fui iluminado por el Espíritu Santo y reconocí que lo único que yo necesitaba era postrarme y aceptando al Salvador y su salvación, alabarlo para siempre.

"Así pues, mientras mi querida madre, estando de rodillas en su cuarto, alababa a Dios, yo estaba alabando a Dios en la biblioteca de mi padre a donde había entrado para leer el librito."

Fue de esta manera como Hudson Taylor aceptó

para su propia vida la obra propiciatoria de Cristo, un acto que transformó totalmente el resto de su vida. Acerca de su consagración, él escribió lo siguiente:

"Recuerdo muy bien ese momento cuando con mi corazón lleno de gozo, derramé mi alma ante Dios, confesándome repetidamente agradecido y lleno de amor porque El lo había hecho todo — salvándome cuando yo había perdido toda esperanza, y tampoco quería la salvación. Le supliqué entonces, que me concediese una obra que realizar como expresión de mi amor y gratitud, algo que requiriese abnegación, fuese lo que fuese; algo para agradar a quien había hecho tanto por mí. Recuerdo cómo, sin reservas, consagré todo; colocando mi propia persona, mi vida, mis amigos y todo sobre el altar. Con la seguridad de que mi ofrecimiento fue aceptado, la presencia de Dios se volvió verdaderamente real y preciosa. Me postré en tierra ante El, humillado y lleno de indecible gozo. Para qué servicio había sido aceptado, no lo sabía. Pero sentí una certidumbre tan profunda de que ya no me pertenecía a mí mismo, que ese sentimiento, después dominó toda mi vida.

El joven que entró en su cuarto para estar solo con Dios ese día, no era el mismo cuando salió. El conocimiento de un objetivo y un poder se habían apoderado de él. Ya no le bastaba con alimentar solamente su propia alma en los cultos, sino que comenzó a sentir una responsabilidad hacia su prójimo — ahora anhelaba *ocuparse en los asuntos de su Padre*. Se regocijaba con riquezas y bendiciones indecibles. Y como los leprosos en el campamento de los sirios, Hudson y su hermana Amelia decían: *No estamos haciendo bien; hoy es día de buenas nuevas, y nosotros callamos*. Así pues, desistieron de ir a los cultos de los domingos por la noche y salieron para anunciar el mensaje, de casa en casa, entre las clases más pobres de la ciudad. Sin embargo, Hudson Taylor no estaba satisfecho todavía; sabía que aún no estaba en el centro de la voluntad de Dios. Entonces, en la angustia de su espíritu exclamó, como aquel personaje de la antigüedad: *No te dejaré, si no me bendices.* Entonces, encontrándose solo y de rodillas, surgió en su alma un gran propósito; si Dios rompiese el poder del pecado y lo salvase en espíritu, alma y cuerpo, para toda la eternidad, él renunciaría a todo en la tierra para entregarse para siempre a la disposición de Dios. Acerca de esta experiencia, él mismo se expresó como sigue:

"Nunca me olvidaré de lo que sentí en aquel momento; no hay palabras para describirlo. Me sentí ante la presencia de Dios, haciendo una alianza con el Todopoderoso. Me pareció oír una voz enunciando estas palabras: 'Tu oración ha sido oída; tus condiciones han sido aceptadas.' Desde entonces, nunca dudé de que Dios me llamaba para ir a trabajar en la China."

A pesar de que Hudson Taylor casi nunca lo mencionaba, ese llamamiento de Dios ardía como un fuego dentro de su corazón. Copiamos a continuación el siguiente párrafo de una de las cartas que escribió a su hermana:

"¡Imagínate 360 millones de almas sin Dios y sin esperanza en la China! ¡Parece increíble, que 12 millones de personas mueran cada año sin ningún consuelo del evangelio!... Casi nadie le da importancia a la China donde habita cerca de la cuarta parte de la raza humana... Ora por mí, querida Amelia, pidiéndole al Señor que me dé más de la mente de Cristo... Yo oro en el almacén, en la caballeriza, en cualquier lugar donde puedo estar solo con Dios. Y El me concede momentos gloriosos... No es justo esperar que V... (la novia de Hudson) vaya conmigo para morir en el extranjero. Siento profundamente dejarla, pero mi Padre sabe lo que es mejor para mí y no me negará nada que sea bueno..."

Por falta de espacio no podemos relatar aquí el heroísmo de la fe que el joven demostró, soportando los sacrificios y las privaciones necesarias para cursar la escuela de medicina y de cirugía, para servir mejor al pueblo de China.

Antes de embarcarse escribió estas palabras a su madre: "Anhelo estar allí una vez más, pues sé que tú, madre mía quieres verme, pero yo creo que lo mejor es no abrazarnos más, puesto que eso sería como encontrarnos para luego separarnos para siempre..." De todas maneras, su madre fue al puerto desde donde el barco se haría a la vela. Años más tarde él describió la partida como sigue:

"Mi querida madre, que ahora está con Cristo, fue hasta Liverpool para despedirse de mí. Nunca me olvidaré de cómo ella entró conmigo al camarote en que yo iba a permanecer casi seis largos meses. Con su cariño de madre arregló la ropa de la pequeña cama. Se sentó a mi lado y cantamos el último himno antes de separarnos uno del otro. Nos arrodillamos y ella oró; — ésa fue la última oración de mi madre antes de que yo partiese para la China. Se oyó entonces la señal para que todos los que no eran pasajeros bajasen del navío. Nos despedimos uno del otro, sin esperanza de volvernos a encontrar otra vez... Al pasar el navío por las compuertas, y cuando la separación comenzó a ser una realidad, de su corazón salió un grito de angustia tan conmovedor, que jamás lo olvidaré. Fue como si mi corazón hubiese sido traspasado por un puñal. Nunca había reconocido tan plenamente hasta entonces, lo que significaban las palabras: *Porque de tal manera amó Dios al mundo.* Estoy seguro de que, en ese momento, mi querida madre también llegó a comprender más que en cualquier otra oportunidad de su vida, el amor de Dios para con el mundo que perece. ¡Oh, cómo se entristece el corazón de Dios al ver cómo sus hijos cierran los oídos al llamamiento divino para salvar al mundo, por el cual su amado, su único Hijo sufrió y murió!"

Los pasajeros de los navíos modernos conocen muy poco la incomodidad de viajar en un barco de vela. Después de pasar una de las muchas tempestades por que atravesó el Dumfries, nuestro héroe escribió: "La mayor parte de lo que poseo está mojado. El camarote del pobre comisario se inundó..." Solamente por las oraciones y los grandes esfuerzos de todos a bordo fue que lograron salvar su propia vida, cuando el barco, arrastrado por un gran temporal, estuvo a punto de naufragar en las rocas de la playa de Gales. ¡El viaje que habían esperado realizar en cuarenta días, les llevó cinco meses y medio! Sólo fue el 1º de marzo de 1854 que Hudson Taylor, a la edad de 21 años, logró desembarcar en Shangai. Fue entonces que él escribió las siguientes impresiones:

"No puedo describir lo que sentí al pisar tierra. Me parecía que el corazón me iba a estallar dentro del pecho; las lágrimas de gratitud y de gozo me corrían por el rostro."

Entonces lo invadió una gran nostalgia; no había ni un amigo, ni un conocido, ni siquiera una persona en todo el país, que estuviese allí para darle la bienvenida, ni siquiera alguien que lo conociese por su nombre.

En ese tiempo la China era una *tierra incógnita,* con excepción de los cinco puertos del litoral, abiertos para la residencia de los extranjeros. Fue en la casa de un misionero en Shangai, uno de los cinco puertos, que el joven encontró hospedaje.

La victoria alcanzada en todas las diferentes pruebas que experimentó en ese tiempo, fue debida a la característica sobresaliente de Hudson Taylor, tal vez la de seguir siempre adelante, sin quedarse nunca paralizado en su obra, fuese cual fuese el contratiempo.

Durante los primeros tres meses que pasó en la China, distribuyó 1.800 Nuevos Testamentos y Evangelios y más de 2.000 libros. Durante el año de 1855 hizo ocho viajes — uno de ellos de 300 kilómetros subiendo por el río Yangtsé. En otro viaje visitó 51 ciudades en las que nunca antes se había oído el mensaje del evangelio. En esos viajes siempre lo prevenían del peligro que corría su vida entre la gente que nunca había visto a un extranjero.

A fin de ganar más almas para Cristo, a pesar de la censura de los demás misioneros, adoptó el hábito de vestirse igual que los chinos. Se rasuró la cabeza por el frente, dejando el resto del cabello que formase una larga trenza. El pantalón, que tenía más de medio metro de holgura, lo aseguraba conforme era la costumbre, con un cinturón. Las medias eran de algodón blanco, el calzado de satén. El manto que le colgaba de los hombros, le sobresalía de la punta de los dedos de las manos más de 70 centímetros.

Pero una de las cruces más pesadas que nuestro héroe tuvo que llevar, era la falta de dinero cuando la misión que lo había enviado se encontraba sin recursos.

El 20 de enero de 1858, Hudson Taylor se casó con María Dyer, una misionera de talento en la China. De ese enlace nacieron cinco hijos. La casa en que vivieron primero, en la ciudad de Ningpo, se convirtió después en la cuna de la famosa Misión del Interior de la China.

Las privaciones y las obligaciones del servicio en Shangai, Ningpo y otros lugares fueron tales, que

Hudson Taylor antes de completar seis años en la China, se vio obligado a volver a Inglaterra para recuperar su salud. Para él fue casi como una sentencia de muerte cuando los médicos le informaron que nunca más debía volver a la China.

No obstante, el hecho de que perecían un millón de almas todos los meses en China era una realidad para Hudson Taylor; así pues, al llegar a Inglaterra inició inmediatamente, con su espíritu indómito, la tarea de preparar un himnario, así como la revisión del Nuevo Testamento para los nuevos convertidos que había dejado en China. Continuaba usando su típico traje chino y trabajaba con el mapa de la China en la pared y la Biblia siempre abierta sobre la mesa. Después de alimentarse y llenarse con la Palabra de Dios, observaba el mapa, recordando a aquellos que no disfrutaban de tales riquezas. Le llevaba todos los problemas a Dios. No había nada demasiado grande ni demasiado insignificante que él no encomendase al Señor en sus oraciones.

En cuanto a sus actividades, estaba tan sobrecargado de trabajo con la correspondencia y la preparación de los cultos en pro de la China, que después de su llegada transcurrieron más de veinte días antes de poder ir a abrazar a sus queridos padres en Bransley.

Acostumbraba a pasar orando, en ayunas, a veces la mañana, otras veces la mañana y la tarde. El siguiente pasaje que él escribió, demuestra cómo su alma continuó ardiendo en los discursos que pronunciaba en las iglesias de Inglaterra sobre la obra misionera:

"Había a bordo, entre los compañeros de viaje, cierto chino que se llamaba Pedro, quien había pasado algunos años en Inglaterra pero a pesar de conocer algo del evangelio, no reconocía nada de su poder de salvación. Me sentí entonces responsable por él y me esforcé en orar y en hablarle, con el fin de encaminarlo hacia Cristo. Pero cuando el barco se iba acercando a Sung-Kiang y me estaba preparando para bajar a tierra para predicar y distribuir folletos, oí el grito de un hombre que había caído al agua. Salí a la cubierta junto con otras personas, para descubrir que Pedro había desaparecido.

"Inmediatamente arriamos las velas, pero la corriente de la marea era tan fuerte, que no podíamos asegurar cuál era el lugar exacto donde el hombre había caído. Entonces vi que había unos pescadores cerca de nuestro barco, que estaban usando una red barredora. Angustiado les grité:

"— ¡Vengan a pasar la red por aquí, pues un hombre se está muriendo ahogado!

"— *Veh bin* — fue la respuesta inesperada, que quería decir: 'No es conveniente.'

"— No digan si es o no conveniente. Vengan ligero, antes de que ese hombre perezca.

"— Estamos pescando.

"— ¡Lo sé! Pero vengan inmediatamente y les pagaré bien.

"— ¿Cuánto nos quiere dar?

"— Cinco dólares, pero no se queden conversando allí. ¡Salven al hombre sin demora!

"— Cinco dólares no es suficiente; respondieron ellos. No lo haremos por menos de treinta dólares.

"— ¡Pero yo no tengo tanto! Les daré todo lo que tengo.

"— ¿Cuánto tiene usted?

"— No lo sé... pero no es más de catorce dólares.

"Entonces los pescadores vinieron y pasaron su red en el lugar indicado. Enseguida, en la primera pasada recogieron el cuerpo del hombre. Sin embargo, todos mis esfuerzos para restaurarle la respiración fueron inútiles. Una vida había sido sacrificada por la indiferencia de los que podían salvarla casi sin esfuerzo."

Al oír contar esta historia, una onda de indignación recorrió todo el gran auditorio. ¡¿Habría en todo el mundo un pueblo tan endurecido e interesado como ése?! Pero al continuar su discurso, la convicción hirió aún más el corazón de los oyentes.

"¿Vale más entonces el cuerpo que el alma? Censuramos a esos pescadores, diciendo que fueron culpables de la muerte de Pedro porque era fácil salvarlo. ¿Pero, qué sucede entonces con los millones de personas que estamos dejando perecer por toda una eternidad? ¿Qué diremos acerca de la orden implícita: *Id por todo el mundo y predicad el evangelio a toda criatura?* Dios nos dijo también:

" 'Libra a los que son llevados a la muerte; salva a los que están en peligro de muerte. Porque si dijeres: Ciertamente no lo supimos, ¿acaso no lo entenderá el que pesa los corazones? El que mira por tu alma, él lo conocerá, y dará al hombre según sus obras.'

"¿Creéis que cada persona entre esos millones de la China, tiene un alma inmortal y que no hay otro nombre debajo del cielo, dado a los hombres, a no ser el precioso nombre de Jesús, por el cual debamos ser salvos? ¿Creéis que El, El solamente, es el Camino, y la Verdad, y la Vida, y que nadie viene al Padre, sino por El? Si así lo creéis, examinaos para ver si estáis haciendo todo lo posible para llevar su nombre a todos.

"Nadie debe decir que no ha sido llamado para ir a la China. Al enfrentar tales hechos, todos necesitan saber si han sido llamados para quedarse en casa. Amigo, si no tienes la seguridad de que has sido llamado para continuar donde estás, ¿cómo puedes desobedecer la clara orden del Salvador para ir? ¿Si, con todo, estás seguro de que estás en el lugar donde Cristo quiere que estés, no por causa de tu conveniencia o de las comodidades de la vida, entonces, estás orando como conviene a favor de los millones de perdidos de la China? ¿Estás usando tus recursos para la salvación de esos millones de almas?"

Cierto día, al completar la estadística, no mucho después de haber regresado a Inglaterra, Hudson Taylor vino a saber que el número total de misioneros evangélicos en la China había disminuido en vez de aumentar. A pesar de que la mitad de la población pagana del mundo se encuentra en la China, el número de misioneros había disminuido durante el año, de 115 a solamente 91. Comenzaron a resonar en los oídos del misionero estas palabras: *Cuando yo dijere al impío: Impío, de cierto morirás; si tú no hablares para que se guarde el impío de su camino, el impío morirá por su pecado, pero su sangre yo la demandaré de tu mano.*

Era la mañana de un domingo, 25 de junio de 1865, a la orilla del mar. Hudson Taylor, cansado y enfermo, estaba con algunos amigos en Brighton. Pero no pudiendo soportar más el regocijo de la multitud en la casa de Dios, se retiró para andar solo en la arena de la playa mientras la marea bajaba. Todo a su alrededor era paz y bonanza, pero en el alma del misionero rugía una tempestad. Por fin, sintiendo un alivio indecible, exclamó: "Tú, Señor, sólo Tú puedes asumir toda la responsabilidad. A tu llamado y como tu siervo, avanzaré, dejando todo en tus manos."

Así pues, la "Misión del Interior de la China" fue concebida en su alma, y todas las etapas del progreso de la misma se realizaron por medio de sus esfuerzos. En la calma de su corazón, en la comunión profunda e indecible con Dios, se originó la misión.

Teniendo un lápiz en la mano, abrió la Biblia; mientras las ondas del vasto mar le bañaban los pies, escribió estas simples pero memorables palabras: "Oré en Brighton pidiendo que se me concediesen 24 obreros competentes y dispuestos, el 25 de junio de 1865."

Más tarde, recordando la victoria de esa ocasión, escribió:

"Grande fue el alivio que sentí al regresar de la playa. Después que terminó el conflicto interior, todo fue gozo y paz. Parecía que me faltaba muy poco para correr hasta la casa del señor Pearse. En la noche de ese día dormí profundamente. Mi querida esposa tuvo la impresión de que la visita a Brighton me había servido para renovarme maravillosamente. ¡Y era verdad!"

El victorioso misionero, juntamente con su familia y con los 24 misioneros llamados por Dios, embarcaron en Londres, en el *Lammermuir,* con destino a China, el 26 de septiembre de 1866. El anhelado objetivo de todos ellos era el de erguir la bandera de Cristo en las once provincias, aún no ocupadas, de la China. Algunos de los amigos los animaron, pero otros dijeron: "Todo el mundo se olvidará de los hermanos. Como no existe una junta aquí, en Inglaterra, nadie se interesará en la obra por mucho tiempo. Es fácil hacer promesas hoy en día; dentro de poco tiempo no tendrán ni el pan cotidiano."

El viaje duró más de cuatro meses. Acerca de una de las tempestades que ellos sufrieron, uno de los misioneros escribió estas palabras:

"Durante todo el temporal, el señor Taylor demostró la mayor serenidad. Por fin, los marineros se negaron a trabajar. El capitán aconsejó entonces a todos los de a bordo que se pusieran los salvavidas, diciendo que el navío no iba a resistir la fuerza de las olas por más de dos horas. Entonces el capitán avanzó en dirección de los marineros con el revólver en la mano. Viéndolo, el señor Taylor se aproximó a él y le pidió que no obligase de ese modo a los marineros a trabajar. El misionero se dirigió a los hombres también y les explicó que Dios iba a salvarlos, pero que eran necesarios los mayores esfuerzos de todas las personas que se encontraban a bordo. Añadió que tanto él como todos los pasajeros estaban dispuestos a ayudarlos, y que, como era evidente, la vida de ellos también corría peligro. Los hombres, convencidos por esos argumentos, comenzaron a quitar todos los destrozos ayudados por todos nosotros; en poco tiempo conseguimos amarrar los grandes masteleros, los cuales golpeaban con tanta fuerza, que estaban destruyendo un lado del navío."

Así pues, fueron horas de inmenso regocijo cuando, por fin, el *Lammermuir* arribó al puerto de Shangai con todos los de a bordo sanos y salvos. ¡Otro navío, que llegó poco después, había perdido dieciséis de las veintidós personas que traía a bordo!

Los misioneros iniciaron el año de 1867 con un día de ayuno y oración, pidiendo como Jabes, que Dios los bendijese y les ensanchara su territorio. ¡El Señor los oyó, y les contestó dándoles entrada durante ese año, a otras tantas ciudades! Finalizaron el año con otro día de ayuno y oración. Un culto duró desde las once da la mañana hasta las tres de la tarde, sin que nadie se sintiera disgustado. En otro culto, que comenzó a las ocho y media de la noche y en el cual sintieron aún más la unción del Espíritu Santo, continuaron juntos orando hasta la media noche, cuando celebraron la Cena del Señor.

A comienzos del año 1867, el Señor llamó a Gracia Taylor, la hija de Hudson Taylor, para el Hogar eterno, cuando ella cumplía ocho años de edad. Al año siguiente la esposa de Taylor y su hijo, Noel, fallecieron de cólera. Fue así como se expresó el padre y marido:

"Cuando amaneció el día, apareció a la luz del sol lo

que había sido ocultado por la luz de la vela — el color característico de la muerte en el rostro de mi esposa. Mi amor no podía ignorar por más tiempo no solamente su estado grave, sino que realmente ella se estaba muriendo. Cuando logré calmar mi espíritu, le dije:

"— ¿Sabes, querida, que te estás muriendo?"

"— ¡Muriendo! ¿Tú lo crees? ¿Por qué piensas tal cosa?

"— Puedo ver que sí, querida. Tus fuerzas se están acabando.

"— ¿De veras? No siento ningún dolor, solamente cansancio. "— Sí, estás partiendo para la Casa paterna en breve estarás con Jesús.

"Mi querida esposa, acordándose de mí y de cómo yo me iba a quedar solo, en un tiempo de tan grandes luchas, privado de la compañera con la cual había tenido la costumbre de llevar todos los problemas al trono de la gracia, me dijo: — Siento mucho... — Entonces ella se detuvo, como queriendo corregir lo que dijera, por eso le pregunté:

"— ¿Sientes pena de irte para estar con Jesús?"

"Nunca me olvidaré de cómo ella me miró y me respondió: — Oh, no. Bien sabes, querido, que durante más de diez años no hubo sombra alguna entre mi Salvador y yo. No siento la partida para estar con El, sino que me entristezco porque tendrás que quedarte solito en estas luchas. Pero... El estará contigo y te suplirá todas tus necesidades."

"Nunca presencié una escena tan conmovedora", escribió la señora Duncan: "Cuando la señora de Taylor dio su último suspiro, el señor Taylor cayó de rodillas, con su corazón transido de dolor, y la entregó al Señor, agradeciéndole la dádiva de los doce años y medio que pasaron juntos. Le agradeció también la bendición de que El mismo se la llevara a su presencia. Entonces, solemnemente se dedicó a sí mismo nuevamente al servicio del Señor."

Como es de suponerse, Satanás no dejó que la Misión del Interior de la China invadiese su territorio con veinticuatro obreros más, sin incitar al pueblo a una mayor persecución. En muchos lugares se distribuyeron impresos que atribuían a los extranjeros los más bárbaros y horripilantes crímenes, especialmente a los que propagaban *la religión de Jesús*. Ciudades enteras se alborotaron, y muchos de los misioneros tuvieron que abandonarlo todo y huir para escapar con vida.

Casi seis años después que "el grupo del Lammermuir" desembarcase en la China, Hudson Taylor estaba nuevamente de regreso en Inglaterra. Durante ese tiempo de la obra en la China, la misión había aumentado de dos estaciones con siete obreros, a trece estaciones con más de treinta misioneros y cincuenta obreros, estando separadas las estaciones, una de la otra, a unos ciento veinte kilómetros, como termino medio.

Fue durante esa visita a Inglaterra que Hudson Taylor se casó con la señorita Faulding, también una fiel y probada misionera a la China.

En ese tiempo, cierta persona amiga escribió lo siguiente acerca de Hudson Taylor:

"El señor Taylor anunció un himno, se sentó al armonio y tocó. No fui atraído por su personalidad. Era de físico delgado y habló con una voz suave. Como los demás jóvenes, yo creía que una voz potente siempre acompañaba a un prestigio verdadero. Pero cuando él dijo: 'Oremos' y nos dirigió en la oración, mudé de parecer; yo nunca había oído a nadie orar como él. Había en su oración una determinación, un poder, que hizo que todas las personas presentes se humillaran y se sintieran ante la presencia de Dios.

Hablaba con Dios frente a frente, como si estuviese hablando con un amigo suyo. Sin duda tal oración era el fruto de una larga permanencia con el Señor; era como el rocío que baja del cielo. He oído orar a muchos hombres, pero nunca había oído a nadie como el señor Taylor y el señor Spurgeon. Nadie, después de haber oído cómo esos hombres oraban, puede olvidarse de tales oraciones. La mayor experiencia que he tenido en mi vida fue oír al señor Spurgeon, quien tomó, como si dijésemos, de la mano a un auditorio de seis mil personas y lo llevó hasta el Santo de los Santos. Y escuchar al señor Taylor rogar por China fue como reconocer algo de lo que significa la *oración eficaz del justo.*"

Fue en 1874 que Hudson Taylor escribió lo siguiente, cuando junto con su esposa, subía el gran río Yangtsé y meditaba sobre las nueve provincias que se extendían desde los trópicos de Birmania hasta las altiplanicies de Mongolia y las montañas del Tibet:

"Mi alma ansía y mi corazón desea con ardor la evangelización de los 180 millones de habitantes de esas provincias que se encuentran sin obreros cristianos. ¡Oh, si yo tuviese cien vidas para consumirlas o darlas en bien de ellos!"

Pero, en medio del viaje, recibieron la noticia de la muerte de Amelia Blatchley, la fiel misionera, en Inglaterra. Ella no solamente cuidaba a los hijos del señor Taylor, sino que también servía como secretaria de la Misión.

Fue grande la tristeza que sintió Hudson Taylor cuando llegó a Inglaterra y encontró que no solamente sus hijos queridos estaban separados y dispersos, sino que la obra de la Misión estaba casi paralizada. Pero ésa no fue aún su mayor tristeza. Durante su viaje por el río Yangtsé, el señor Taylor, al bajar la escalera del navío, sufrió una seria caída, pues cayó sobre los calcañares, de tal manera que el golpe lesionó la espina dorsal. Después de llegar a Inglaterra, la lesión producida por la caída se agravó hasta dejarlo postrado en cama. Fue entonces que le sobrevino la mayor crisis de su vida, justamente cuando había la mayor necesidad de sus esfuerzos. ¡Completamente paralítico de las piernas, tenía que pasar todo el tiempo acostado boca arriba!

Una pequeña cama era su prisión; o mejor dicho, era su oportunidad. Al pie de la cama, en la pared, se encontraba colgado un mapa de la China. Y alrededor de él, de día y de noche, estaba la Presencia divina.

Allí, acostado de espaldas, mes tras mes, permaneció nuestro héroe, rogando y suplicando al Señor a favor de la China. Le fue concedida la fe para pedir que Dios enviase 18 misioneros. En respuesta a sus *Llamamientos para la oración,* escritos con la mayor dificultad y publicados en el periódico, sesenta jóvenes respondieron de una vez. Veinticuatro de ellos fueron escogidos. Allí al lado de su lecho, él inició clases para los futuros misioneros y les enseñó las primeras lecciones de la lengua china — y el Señor los envió para la China.

El siguiente párrafo nos habla de cómo el misionero que se encontraba inutilizado físicamente se puso bien:

"El se curó tan maravillosamente, en respuesta a sus oraciones, que podía cumplir con un increíble número de sus obligaciones. Pasó casi todo el tiempo de sus vacaciones con sus hijos en Guernsey, escribiendo. Durante los quince días que pasó allí, a pesar de tener deseos de compartir con sus hijos las delicias de la playa, salió con ellos solamente una vez. Sin embargo, dedicó su tiempo a escribir y las cartas que escribió para la China y otros lugares, valieron más que el oro."

Cierto misionero escribió lo siguiente acerca de una visita que le hiciera en la China:

"Nunca me olvidaré del gozo y la amabilidad con que me recibió. Me condujo inmediatamente a la "oficina" de la Misión del Interior de la China. ¿Debo decir que fue para mí una sorpresa o una extrañeza, o ambas cosas? Los "muebles" eran cajones de madera. Una mesa estaba cubierta de innumerables papeles y cartas. Al lado de la chimenea había una cama, bien arreglada, que tenía un pedazo de tapete que le servía de cubrecama. En esa cama el señor Taylor descansa tanto de día como de noche.

"El señor Taylor, sin ofrecerme ninguna disculpa, se tendió en la cama y comenzamos la plática más preciosa de toda mi vida. Todos los conceptos que yo tenía sobre las cualidades que debe poseer un 'gran hombre', quedaron completamente cambiados; no había en él nada de espíritu de superioridad. Vi en él el ideal de Cristo, de la verdadera grandeza, tan evidente que permanece aún en mi corazón, a través de los años, hasta el momento presente. Hudson Taylor reconocía profundamente que para evangelizar a los millones de chinos, era imperioso que los creyentes de Inglaterra mostrasen mucha más abnegación y sacrificio. Pero, ¿cómo podía él insistir en que otros practicasen el sacrificio, sin primeramente practicarlo él en su propia vida? Así pues, él cortó deliberadamente de su vida toda apariencia de comodidad y lujo."

Durante los viajes que hizo por el interior de la China, "invariablemente él se levantaba para pasar una hora con Dios, antes que rayase el día", escribió otro, que lo acompañaba, a veces, para irse después a dormir nuevamente. "Cuando yo me despertaba para ir a alimentar a los animales, siempre lo encontraba leyendo la Biblia a la luz de una vela. Fuese cual fuese el ambiente o el bullicio en las hospederías inmundas, no descuidaba el hábito de leer su Biblia. En tales viajes, por lo general oraba de bruces, porque le faltaban fuerzas para permanecer tanto tiempo arrodillado."

"— ¿Cuál será hoy el tema de su discurso? — le preguntó cierto creyente que viajaba con él en el mismo tren.

"— No sé a ciencia cierta; aún no he tenido tiempo para decidirlo — le respondió Hudson Taylor.

"— ¡Que no tuvo tiempo! — exclamó el hombre —. Pero, ¿qué otra cosa ha hecho usted sino descansar, después que se sentó allí?

"— No conozco lo que sea descansar — fue la respuesta serena que él le dio —. Desde que nos embarcamos en Edimburgo, he pasado todo este tiempo orando y llevando todos los nombres de los miembros de la Misión del Interior de la China, y los problemas de cada uno, al Señor."

No llegamos a comprender cómo en medio de una de las mayores obras de evangelización de toda la historia, él podía decir:

"Nunca fuimos obligados a abandonar una puerta abierta, por falta de recursos. A pesar de que en muchas ocasiones gastamos hasta el último centavo, a ninguno de los obreros nacionales, ni a ninguno de los misioneros, les faltó el 'pan' cotidiano prometido. Los tiempos de privaciones son siempre tiempos bendecidos, y lo que es necesario nunca llega demasiado tarde."

Otro secreto del gran éxito que alacanzó al llevar el mensaje de salvación al interior de la China, fue la determinación de que la obra no solamente continuase con carácter internacional, sino también que se extendiese entre todas las denominaciones, es decir, que se aceptase a misioneros dedicados a Dios, de cualquier nacionalidad y de cualquier denominación.

En 1878, al regresar de un viaje, comenzó a orar pidiendo que Dios enviase treinta misioneros más, antes de que acabase el año 1879. Si consideramos todo el dinero que hacía falta para pagar los pasajes y sustentar a tantas personas, ¿diremos que su fe era grande? Pues bien, veintiocho personas, cuyo corazón ardía por el deseo de la salvación de los perdidos de la China, confiando solamente en Dios para su sustento cotidiano, se embarcaron antes de acabar el año 1878, y seis más partieron en 1879.

En una conversación que tuvo con un compañero de luchas, en la ciudad de Wuchang, Hudson Taylor comenzó a enumerar los puntos estratégicos en que debían comenzar inmediatamente a evangelizar los dos millones de habitantes del valle del gran río Yangtsé, y el de su tributario, el río Han. Con no más de cincuenta o sesenta nuevos obreros, la Misión no podía dar semejante paso — ¡y la propia Misión no tenía más de cien obreros en total! Sin embargo, a Hudson Taylor le fue dada la fe de pedir otros setenta — recordando las palabras: *Designó el Señor también a otros setenta.*

"Hoy nos reunimos para pasar el día en ayuno y oración", escribió Hudson Taylor el 30 de junio de 1872. "El Señor nos bendijo grandemente... Algunos pasaron, la mayor parte de la noche en oración... El Espíritu Santo nos llenó hasta parecernos imposible recibir más sin morir."

En cierto culto alabamos ininterrumpidamente a Dios durante casi dos horas, por los setenta obreros ya recibidos — mediante la fe. En realidad se recibieron más de setenta, y dentro del plazo fijado.

El Señor condujo la Misión poco a poco, a tener una visión todavía más amplia — llevó a los obreros a pedir al Señor *otros cien*, en 1887. Así dijo el señor

Stephenson: "Si me mostrase una foto de todos los cien, sacada aquí en la China, no sería más real de lo que realmente es."

Con todo, Hudson Taylor no inició precipitadamente el programa de orar y de esforzarse para recibir cien misioneros más. Como siempre, debía tener la seguridad de la dirección de Dios, antes de resolverse a orar y de esforzarse para alcanzar la meta.

¡Seis veces más del número que habían pedido se ofrecieron para ir! Pero la Misión rechazó firmemente a todos los que no concordaban con los principios declarados desde el comienzo. Así pues, exactamente el número pedido embarcó para la China — no fueron ciento uno ni tampoco noventa y nueve, sino exactamente cien.

Después que Hudson Taylor visitó el Canadá, los Estados Unidos y Suecia en 1888 y 1889, la Misión del Interior de la China alcanzó uno de sus mayores progresos, nunca antes registrados en los anales de la historia de las misiones. Al referirse a su visita a Suecia, nuestro misionero escribió lo siguiente acerca del pesar que lo acompañó durante todo ese viaje:

"Confieso que me siento avergonzado porque hasta este momento nunca antes había meditado sobre lo que el Maestro realmente quiso expresar cuando mandó a predicar el evangelio a toda criatura. Durante muchos años me esforcé, como muchos otros siervos de Dios, para llevar el evangelio a los lugares más distantes; hice planes para alcanzar a todas las provincias y muchos de los distritos menores de la China, sin comprender el sentido evidente de las palabras del Salvador.

"¿*A toda criatura?* El número total de propagadores entre los creyentes de la China no pasaba de cuarenta mil. Si hubiese otro tanto de adherentes, o si ese número se triplicase, y si cada uno de ellos llevase el mensaje a ocho de sus compatriotas — aún así, no llegarían a más de un *millón*. *A toda criatura:* estas palabras me quemaban el alma. ¡Pero cómo la iglesia, y yo mismo, fallábamos en aceptarlas justamente como Cristo quería! Eso lo percibí entonces; y para mí había solamente una salida, la de obedecer al Señor.

"¿Cuál será nuestra actitud para con el Señor Jesucristo con respecto a esa orden? ¿Substituiremos acaso el título de 'Señor', que le fue dado, para reconocerlo sólo como nuestro Salvador? ¿Aceptaremos el hecho de que El quitó la penalidad del pecado, y rehusaremos reconocer que fuimos *comprados por precio*, y que El tiene derecho de esperar nuestra obediencia implícita? ¿Diremos que somos nuestros propios señores, listos a concederle lo que le debemos a El que nos compró con su propia sangre, con la condición de que El no nos pida demasiado? Nuestra vida, nuestros seres queridos, nuestras posesiones, ¿son solamente nuestros, no son de El? ¿Daremos lo que creemos conveniente y obedeceremos su voluntad si El no nos pide demasiados sacrificios? ¿Estamos dispuestos a dejar que Jesucristo nos lleve a los cielos, pero no queremos que ese hombre reine sobre nosotros?

"El corazón de todo hijo de Dios rechazará, seguramente, tal hecho así formulado: pero ¿no es verdad que innumerables creyentes, en todas las generaciones, se comportaron y se comportan como si ésa fuese la propia base de su vida? Son pocas las personas de entre el pueblo de Dios, que reconocen la verdad de que ¡o Cristo es el Señor absoluto, o no lo es en forma alguna! Si somos nosotros los que juzgamos la Palabra de Dios, y no es la Palabra la que nos juzga; si concedemos a Dios solamente cuanto queremos, entonces somos nosotros los señores y El es nuestro

Deudor, y consecuentemente, El debe estar agradecido por la limosna que le damos; debe sentir gratitud por nuestro asentimiento a sus deseos. Sí por el contrario, El es el Señor, entonces debemos tratarlo como Señor: *¿por qué me llamáis Señor, Señor, y no hacéis lo que yo digo?"*

Fue así como Hudson Taylor, sin esperarlo, obtuvo la más amplia visión de su vida, una visión que dominó la última década de su ministerio. Con los cabellos ya grises, después de cincuenta y siete años de experiencia, afrontó el nuevo sentido de responsabilidad con la misma fe y confianza que lo caracterizaban cuando era más joven. ¡Su alma ardía al meditar en sus antiguos propósitos! ¡Se volvió aún más firme al ejecutar la visión de otrora!

Fue así como se sintió guiado a unificar todos los grupos evangélicos que trabajaban en la evangelización de la China, pidiéndoles que orasen y se esforzasen por aumentar el número de misioneros, enviando *otros mil,* en el espacio de cinco años. ¡El número exacto de misioneros enviado a la China durante ese período, fue de mil ciento cincuenta y tres!

No es pues de admirar que las fuerzas físicas de Hudson Taylor comenzasen a flaquear, no tanto por las privaciones y el cansancio de los continuos viajes, ni por los agotadores esfuerzos de escribir y predicar, ni debido al peso de las grandes e innumerables responsabilidades de dirigir la Misión del Interior de la China. Los que lo conocían íntimamente, sabían que era un hombre *gastado de tanto amar.*

La gloriosa cosecha de almas que tenía lugar en la China, aumentaba cada vez más. Pero la situación política del país empeoraba día tras día, hasta que culminó en la matanza de los bóxers, en el año 1900, cuando centenares de creyentes fueron muertos. Solamente de la Misión del Interior de la China perecieron cincuenta y ocho misioneros, y veintiuno de sus hijos.

En esa ocasión Hudson Taylor y su esposa se encontraban nuevamente en Inglaterra, cuando comenzaron a llegar telegrama tras telegrama, comunicándoles los horribles sucesos acaecidos en la China; aquel corazón que tanto amaba a cada uno de los misioneros, casi cesó de latir a causa de esas noticias. Acerca de esos acontecimientos él se expresó así: "No sé leer, ni sé pensar, ni siquiera sé orar; pero sí sé confiar."

Cierto día, algunos meses después, Hudson Taylor, con el corazón transido de dolor y las lágrimas corriéndole por el rostro, estaba contando lo que había leído en la carta que acababa de recibir de dos misioneras, que la habían escrito justamente el día antes de ser asesinadas en las manos de los bóxers. He aquí lo que él dijo:

"¡Oh, qué gozo el de salir de tal motín de personas enfurecidas, para ir ante la presencia del Señor, para estar en su regazo y contemplar su sonrisa!" Cuando pudo continuar, añadió: "¡Ellas ahora no están arrepentidas, pues tienen *la corona incorruptible! Andan con Cristo en vestiduras blancas, porque son dignas.*"

Hablando acerca de su gran deseo de ir a Shangai, para estar al lado de los refugiados, él dijo: "No sé si podría ayudarlos, pero sé que me aman. Si pudiesen venir a mí en su tristeza para llorar juntos, al menos podrían tener un poco de consuelo." Pero al recordar que le era imposible realizar tal viaje por causa de su salud quebrantada, su tristeza parecía mayor de lo que podía soportar.

A pesar de sentir profundamente su incapacidad para trabajar como de costumbre, encontró un gran alivio al permanecer junto a su esposa, a quien tanto amaba. Terminó para ellos la época en que debían pasar largos meses y años separados uno del otro, debido a las luchas que él debía sostener en tantos lugares.

Fue el 30 de julio de 1904 que su esposa falleció. "No siento ningún dolor, ningún dolor", le decía ella, a pesar de la dificultad para respirar. Entonces, de madrugada, percibiendo la angustia de espíritu de su marido, le pidió que orase rogando al Señor que se la llevase lo más pronto posible. Esa fue la oración más difícil de la vida de Hudson Taylor, pero por amor a ella, oró pidiendo a Dios que libertase el espíritu de su querida esposa. Después que él oró, en cuestión de minutos la angustia cesó en su pecho y ella durmió poco después en Cristo.

La desolación de espíritu que Hudson Taylor sintió después de la partida de su fiel compañera, era indescriptible. Sin embargo, encontró una paz inefable en esta promesa: *Bástate mi gracia*. Comenzó a recuperar las fuerzas físicas, y en la primavera hizo su séptimo viaje a los Estados Unidos de América. Desde allí hizo su último viaje a la China, desembarcando en Shangai el 17 de abril de 1905.

El valiente jefe de la Misión, después de tan prolongada ausencia, fue recibido en todos los lugares con grandes manifestaciones de amor y estimación por parte de los misioneros y de los creyentes, especialmente de los que escaparon de los indescriptibles espectáculos de la insurrección de los bóxers.

En Chin-Kiang, el veterano misionero visitó el cementerio donde están grabados los nombres de cuatro hijos y de su esposa. Los recuerdos eran motivo de inmenso gozo, es decir, el día de la gran reunión se aproximaba.

En medio del viaje cuando visitaba las iglesias allí en la China, sin que nadie lo esperase, ni él mismo, acabó su carrera en la tierra. Eso aconteció en la ciudad de

Chang-sha, el 3 de junio de 1905. Su nuera contó lo siguiente, sobre ese acontecimiento:

"Nuestro querido Papá estaba acostado. Conforme a su costumbre, sacó de su cartera las cartas de sus seres queridos y las extendió sobre la cama. Se inclinó para leer una de las cartas cerca del candelero encendido, que estaba colocado sobre una silla al lado de su lecho. Para que él no se sintiese demasiado incómodo, le arreglé otra almohada y se la coloqué debajo de la cabeza, y me senté en una silla a su lado. Le mencioné las fotografías de la revista *Missionary Review* que estaba abierta sobre la cama. Howard mi esposo, había salido para ir a buscar algo que comer, cuando Papá de repente viró la cabeza y abrió la boca como si quisiera estornudar. Enseguida abrió la boca por segunda y por tercera vez pero no dijo nada, no pronunció palabra alguna. No mostró ninguna dificultad en su respiración, ni tuvo ninguna ansiedad. No me miró... no parecía consciente... No era la muerte: era la entrada a la vida inmortal. Su semblante reflejaba descanso y serenidad. Las arrugas que habían surcado su rostro, debido al peso de largos años de lucha, parecían haber desaparecido en pocos momentos. Parecía una criatura dormida en el regazo de su madre; el propio cuarto parecía estar lleno de una inefable paz."

En la ciudad de Chin-kiang, a la orilla del gran río que tiene una anchura de más de dos kilómetros, fue enterrado el cuerpo de Hudson Taylor.

Fueron muchísimas las cartas de condolencia que se recibieron de los fieles hijos de Dios del mundo entero. Emocionantes fueron los cultos celebrados en su memoria en varios países. Impresionantes fueron los artículos y libros publicados acerca de sus victorias en la obra de Dios. Pero las voces más destacadas, las que Hudson Taylor habría apreciado más si hubiera podido oírlas, fueron las de los muchos niños chinos, los cuales cantando alabanzas a Dios colocaron flores sobre su tumba.

CARLOS SPURGEON

El príncipe de los predicadores

1834-1892

Durante el período de la inquisición española, bajo el reinado del emperador Carlos V, un número muy grande de creyentes fueron quemados en las plazas públicas o enterrados vivos. El hijo de Carlos V, Felipe II, en 1567 llevó la persecución hasta los Países Bajos, declarando que aunque le costase mil veces su propia vida, él limpiaría todo su dominio del "protestantismo". Antes de morir, se jactaba de haber mandado al verdugo por lo menos 18.000 "herejes".

Al comenzar ese reinado de terror en los Países Bajos, muchos millares de creyentes huyeron para Inglaterra. Entre los que escaparon del "Concilio de Sangre" se encontraba la familia Spurgeon.

En Inglaterra el pueblo de Dios tampoco se encontraba libre de la persecución. Al mismo tiempo que Juan Bunyan, autor de "El progreso del peregrino", permanecía en la prisión de Bedford, Jo Spurgeon, bisabuelo del tatarabuelo de Carlos, se encontraba preso por segunda vez por haber asistido a un culto evangélico, y permaneció casi cuatro meses en la cárcel de Chelsford, "donde pasó la mayor parte del tiempo sentado por hallarse demasiado débil para acostarse". Los bisabuelos de Carlos eran creyentes fervorosos y habían criado a sus hijos en el temor de Dios. Su abuelo paterno después de casi cincuenta años de pastorado en el mismo lugar podía decir: "¡No he tenido ni una hora de tristeza con mi iglesia después que asumí el cargo de pastor!" El padre de Carlos, Santiago Spurgeon, fue el amado pastor de Stambourne.

Cuando Carlos era todavía un niño, se interesaba por la lectura de "El progreso del peregrino", de la historia de los mártires y de diversas obras de teología. Es casi imposible apreciar la enorme influencia que esas obras ejercieron sobre su vida.

Se puede apreciar que él era precoz en los asuntos espirituales, por el siguiente acontecimiento: A pesar de ser un niño de apenas cinco años de edad sintió profundamente el cuidado del abuelo, por causa del comportamiento de uno de los miembros de la iglesia llamado el "Viejo Roads". Cierto día Carlos, al encontrar a Roads en compañía de otros fumando y bebiendo cerveza, se dirigió a él en estos términos: "¿Qué haces aquí, Elías?" El "Viejo Roads" arrepentido contó entonces a su pastor, cómo al principio se disgustó con el niño, pero al fin se conmovió. Desde aquel día el "Viejo Roads" anduvo siempre cerca del Salvador.

Cuando Carlos era todavía pequeño, quedó convencido de pecado por Dios. Durante algunos años se sintió como una criatura sin esperanza, sin consuelo; asistía a diferentes cultos en distintos lugares, sin llegar a saber cómo podía librarse del pecado. Entonces, cuando tenía quince años de edad, aumentó en él el deseo de ser salvo. Ese deseo aumentó en tal forma que pasó seis meses agonizando en oración. En ese tiempo, un día asistió a un culto en cierta iglesia; pero ese día el predicador no pudo ir al culto debido a una gran tormenta de nieve. A falta del pastor, un zapatero se levantó para predicar ante las pocas personas que se encontraban presentes, y leyó este texto: "Mirad a mí, y sed salvos, todos los términos de la tierra" (Isaías 45:22). El zapatero, que no tenía experiencia en el arte de predicar, solamente podía repetir el pasaje y decir: "¡Mirad! No es necesario que levantéis ni un pie, ni un dedo. No es necesario que estudiéis en el colegio para saber mirar, ni tampoco que contribuyáis con 1000 libras esterlinas. Mirad a mí, y no a vosotros mismos. No hay consuelo en vosotros. Miradme, sudando grandes gotas de sangre. Miradme colgado de la cruz. Miradme, muerto y sepultado. Miradme, resucitado. Miradme, sentado a la derecha de Dios." Luego, fijando los ojos en Carlos, le dijo: "Joven, parece que tú eres desgraciado. Serás infeliz en la vida y en la muerte si no obedecieres."

Entonces gritó con más fuerza: "¡Joven, mira a Jesús! ¡Míralo ahora!" El joven miró y continuó mirando, hasta que por fin, un gozo indecible se apoderó de su alma.

El recién salvo al contemplar el constante celo del Maligno, se sintió inspirado por el Poder divino para hacer todo lo posible para frustrar la obra del enemigo del bien. Spurgeon aprovechaba todas las oportunidades para distribuir folletos. Se entregaba de todo corazón a enseñar en la Escuela Dominical, donde se ganó, desde el comienzo, el amor de sus alumnos, y por intermedio de ellos, la presencia de los padres en la Escuela Dominical. A la edad de dieciséis años comenzó a predicar. Acerca de ese hecho él dijo lo siguiente: "¡Cuántas veces me fue concedido el privilegio de predicar en la cocina de la casa de algún agricultor, o en un establo!"

Algunos meses después de predicar su primer sermón, fue llamado a pastorear la iglesia de Waterbeach. Al cabo de dos años, esa iglesia de cuarenta miembros pasó a tener cien. El joven predicador deseaba educarse, y el director de una escuela superior, que estaba de visita en esa ciudad, le dio una cita para discutir con él ese asunto. Sin embargo, la criada que recibió a Carlos, por descuido no llamó al profesor y éste salió sin saber que el joven lo estaba esperando. Después ya en la calle, un poco triste, Carlos oyó una voz que le decía: "¿Buscas grandes cosas para ti? ¡No las busques!" Fue entonces allí mismo, que abandonó la idea de estudiar en ese colegio, convencido de que Dios lo dirigía a otras cosas. No se debe concluir, sin embargo, que Carlos Spurgeon decidió no educarse. Después de eso él aprovechó todos los momentos libres para estudiar. Se dice que alcanzó la fama de ser uno de los hombres más instruidos de su tiempo.

Spurgeon había predicado en Waterbeach solamente durante dos años, cuando fue llamado a predicar en el *Park Street Chapel* de Londres. El local era inconveniente para los cultos, y el templo que tenía asientos para mil doscientos oyentes era demasiado grande para los auditorios. Sin embargo, "había allí un grupo de fieles que nunca cesaron de rogar a Dios por un glorioso avivamiento". Y el avivamiento ocurrió. Ese hecho está registrado así en las palabras del propio Spurgeon: "Al comienzo yo predicaba solamente a un puñado de oyentes. Sin embargo, no me olvido de la insistencia de sus oraciones. A veces parecía que rogaban hasta querer ver realmente presente el Angel del Pacto queriendo bendecirlos. Más de una vez nos admiramos con la solemnidad de las oraciones hasta que llegábamos a sentir quietud, mientras el poder del Señor nos sobrevenía... ¡Así fue como descendió la bendición, la casa se llenó de oyentes y fueron salvas decenas de almas!"

Bajo el ministerio de ese joven de diecinueve años,

la concurrencia aumentó en pocos meses a tal punto, que el edificio ya no podía contener las multitudes; centenares de oyentes permanecían en la calle para aprovechar las migajas que caían del banquete que había dentro de la casa.

Se resolvió entonces reformar el *New Park Street Chapel,* y durante el tiempo de la obra se celebraban los cultos en *Exeter Hall,* un edificio que tenía asientos para cuatro mil quinientos oyentes. Allí, en menos de dos meses, los auditorios fueron tan grandes que las calles durante los cultos se volvían intransitables.

Cuando volvieron al edificio de la *New Park Street Chapel,* el problema en vez de estar resuelto era aún mayor; ¡tres mil personas ocupaban ahora el espacio preparado para mil quinientas! ¡El dinero empleado en esa obra que fue una suma muy elevada, había sido totalmente desperdiciado! Se hizo necesario volver para el *Exeter Hall.*

Pero ni el *Exeter Hall* era suficiente para los auditorios, y la iglesia tuvo que tomar una actitud espectacular — alquiló el *Surrey Music Hall,* el edificio más amplio, imponente y magnífico de Londres, construido para diversiones públicas.

La noticia de que los cultos tendrían lugar en *Surrey Music Hall* en vez del *Exeter Hall,* electrificaron a toda la ciudad de Londres. El culto inagural fue anunciado para la noche del 19 de octubre de 1856. En la tarde de ese día, millares de personas se dirigieron para allá a fin de encontrar asiento. Cuando por fin, el culto comenzó, el edificio en el cual cabían doce mil personas, estaba totalmente lleno y había más de diez mil personas afuera que no podían entrar.

Desde el primer culto celebrado en el *Surrey Music Hall,* se notaron indicios de la persecución que Spurgeon tendría que encarar. El estaba orando, después de la lectura de las Escrituras, cuando los enemigos de la obra de Dios se levantaron gritando: "¡Fuego! ¡Fuego!" A pesar de todos los esfuerzos de Spurgeon y de todos los otros creyentes, la gran masa de gente estaba tan envuelta en el tumulto que se produjo, que siete personas murieron y veintiocho quedaron gravemente heridas. Después, serenó, se encontraron regados por todas partes del edificio restos de ropa de hombre y de mujer; sombreros, mangas de vestidos, zapatos, piernas de pantalones, mangas de sacos, chales, etc., etc., objetos esos que los millares de personas dejaron, en la lucha de escapar del edificio. En todo momento Spurgeon se comportó con la mayor calma durante todo el tiempo de la indescriptible catástrofe, pero después pasó días postrado, sufriendo a consecuencia de semejante suceso.

Las noticias sobre los trágicos sucesos ocurridos durante el primer culto celebrado en el *Surrey Music Hall,* en vez de perjudicar la obra, sirvieron de estímulo para aumentar el interés por los cultos. De un día para otro Spurgeon, el héroe del sur de Londres, se volvió un personaje de proyección mundial. Aceptó invitaciones para predicar en las ciudades de toda Inglaterra, Escocia, Irlanda, Gales, Holanda y Francia. Predicaba al aire libre y en los mayores edificios, un promedio de ocho a doce veces por semana.

En ese tiempo, siendo todavía joven, reveló cómo lograba entender en las Escrituras los textos difíciles, es decir, cómo simplemente pedía a Dios: "¡Oh Señor, muéstrame el sentido de este pasaje!" y añadió: "Es maravilloso verificar cómo el texto, duro como un pedernal, emite chispas cuando es golpeado con el acero de la oración." Años más tarde dijo lo siguiente: "Orar acerca de las Escrituras es como pisar las uvas en el lagar, trillar el trigo en la era, y extraer el oro de las minas."

Acerca de su vida familiar, Susana, la esposa de Spurgeon, escribió lo siguiente: "Practicábamos el culto doméstico, ya fuese hospedados en un rancho en las sierras, ya en un suntuoso cuarto de hotel de la ciudad. Y la bendita presencia de Cristo, que para muchos creyentes parece imposible alcanzar, era para él la atmósfera natural; él vivía y respiraba en el Señor."

Antes de iniciar la construcción del famoso templo de Londres, El Tabernáculo Metropolitano, Spurgeon, junto con algunos de los miembros de la iglesia, se arrodillaron en el terreno entre las pilas de materiales de construcción y rogaron a Dios que no permitiese que ningún trabajador muriese ni quedase herido durante la ejecución de las obras de construcción. Dios respondió maravillosamente a esa oración, no permitiendo que ocurriese ningún accidente durante todo el tiempo de la construcción del imponente edificio, que medía ochenta metros de largo, veintiocho metros de ancho y veinte de alto.

La iglesia comenzó a edificar el tabernáculo teniendo como meta liquidar todas las deudas de los materiales y pagar toda la mano de obra antes de que acabase la construcción. Como de costumbre, pidieron a Dios que les ayudase a realizar ese deseo, y todo quedó pagado antes del día de la inauguración.

"El Tabernáculo Metropolitano quedó terminado en marzo de 1861. Durante los siguientes 31 años, un promedio de 5.000 personas se congregaba allí todos los domingos, por la mañana y por la noche. De tres en tres meses, Spurgeon pedía a los que habían asistido en ese período que se ausentasen. Ellos así lo hacían; sin embargo, el Tabernáculo estaba siempre lleno con otra parte de las masas que aún no habían sido alcanzadas por el mensaje."

Durante cierto período predicó 300 veces en doce

meses. El mayor auditorio al cual predicó, fue en el *Crystal Palace* de Londres, el 7 de octubre de 1857. El número exacto de asistentes fue de 23.654 personas. ¡Spurgeon se esforzó tanto en aquella ocasión y su cansancio fue tan grande, que después de ese sermón de la noche del miércoles durmió hasta la mañana del viernes!

Sin embargo, no debemos pensar que solamente era en el púlpito que su alma ardía por la salvación de los perdidos. También se ocupaba grandemente en el evangelismo individual. En ese sentido citamos aquí lo que cierto creyente dijo con respecto a él: "He visto auditorios de 6.500 personas enteramente impresionados por el fervor de Spurgeon. Pero al lado de un niño moribundo, que él había llevado a Cristo, lo encontré aún más sublime que cuando dominaba el interés de la multitud."

Parece imposible que semejante predicador tuviese tiempo para escribir. Sin embargo, los libros que él escribió constituyen una biblioteca de 135 tomos. Hasta hoy, no hay una obra más rica en joyas espirituales que la de Spurgeon, de siete volúmenes sobre los Salmos, titulada: "La tesorería de David." Publicó un número tan grande de sus sermones, que aun leyéndolos uno por día, ni en diez años el lector podría leerlos todos. Muchos fueron traducidos a varias lenguas y publicados en los periódicos del mundo entero. El mismo escribía una gran parte del material para su periódico, "La espada y la cuchara", título que le fue sugerido por la historia de la construcción de los muros de Jerusalén, en los tiempos angustiosos de Nehemías.

Además de predicar constantemente a grandes auditorios y de escribir tantos libros, se esforzó también en otras varias actividades. Inspirado por el ejemplo de Jorge Müller, fundó y dirigió el orfanato de Stockwell. Los que estaban al frente de esa obra, pedían a Dios y recibían lo necesario para levantar edificio tras edificio y para sustentar a centenares de niños desamparados.

Reconociendo la necesidad de instruir a los jóvenes llamados por Dios para proclamar el evangelio y, de esa manera, alcanzar un mayor número de perdidos, fundó y dirigió el Colegio de los Pastores con la misma fe en Dios que demostró en la obra de cuidar de los huérfanos.

Impresionado por la vasta circulación de literatura viciosa, formó una junta de venta de libros evangélicos. Decenas de vendedores fueron sustentados y se pronunciaron millares de discursos, además de venderse de casa en casa muchas toneladas de Escrituras y de otros libros.

Acerca del éxito tan estupendo alcanzado en la vida de Spurgeon, conviene observar lo siguiente: Ninguno de sus antepasados alcanzó fama. Su voz podía predicar a los mayores auditorios, pero otros predicadores sin fama gozaban también de la misma voz. *El Príncipe de los predicadores* era, ante todo, EL PRINCIPE DE RODILLAS. Como Saulo de Tarso, entró en el Reino de Dios también agonizando, de rodillas — en el caso de Spurgeon esa angustia duró seis meses. Después, como sucedió con Saulo de Tarso, la fervorosa oración se convirtió en un hábito en su vida. Aquellos que asistían a los cultos en el gran Tabernáculo Metropolitano, decían que las oraciones eran la parte más sublime de los cultos.

Cuando alguien le pedía a Spurgeon que explicase el poder de su oración, *El Príncipe de rodillas* señalaba para el entresuelo que quedaba abajo del salón del Tabernáculo Metropolitano y decía: "En la sala que está allí abajo, hay 300 creyentes que saben orar. Todas las veces que yo predico, ellos se reunen allí para sustentarme las manos, orando y suplicando ininterrumpidamente. En la sala que está abajo de nuestros pies es donde se encuentra la explicación del misterio de esas bendiciones."

Spurgeon acostumbraba dirigirse a los alumnos del Colegio de los Pastores de esta manera: "Permaneced en la presencia de Dios... si vuestro fervor llega a enfriarse, no podréis orar bien en el púlpito... tampoco en el seno de la familia... y menos aún cuando estéis estudiando solos. Si vuestra alma se debilita, los oyentes sin saber por qué, notarán que vuestras oraciones públicas tienen muy poco sabor."

Asimismo sobre la oración, su esposa dio este testimonio: "El le daba mucha importancia a la media hora de oración que pasaba con Dios antes de comenzar el culto." Cierto creyente también escribió sobre este respecto lo siguiente: "Se siente durante su oración pública, que él es un hombre de bastante fuerza como para llevar en las manos ungidas las oraciones de una multitud. Esta es la idea más grandiosa del sacerdote entre Dios y los hombres."

Convencido del gran poder de la oración, Spurgeon designó el mes de febrero de cada año para celebrar en el gran Tabernáculo, la convención anual y hacer súplicas por un avivamiento de la obra de Dios. En esas ocasiones pasaban días enteros en ayuno y en oración, oración que se volvía más y más fervorosa. No solamente sentían la gloriosa presencia del Espíritu Santo en esos cultos, sino que les era aumentado el poder con frutos abundantes.

En su biografía consta que desde el comienzo de su ministerio en Londres, numerosas personas gravemente enfermas se curaron como respuesta a sus oraciones.

La vida de Spurgeon no era una vida egoísta y de interés propio. El y su esposa hicieron los mayores sacrificios para colocar libros espirituales en las manos de un gran número de predicadores pobres, y contribuían constantemente al sustento de las viudas y huérfanos. Recibían grandes sumas de dinero, pero lo daban todo para el progreso de la obra de Dios.

Nunca buscó fama ni la honra de fundador de otra denominación, como muchos de sus amigos esperaban. Nunca predicó para su propia gloria, sino que tuvo siempre como propósito el mensaje de la cruz para llevar a los oyentes a Dios. Consideraba sus sermones como si fuesen saetas, y ponía en ellos todo su corazón, empleando toda su fuerza espiritual para producirlos. Predicaba confiado en el poder del Espíritu Santo, empleando lo que Dios le concediera para conmover el mayor número de oyentes.

"Carlos Hadon Spurgeon recibía el fuego del cielo estudiando la Biblia, horas enteras en comunión con Dios."

Cristo era el secreto de su poder. Cristo era el centro de todo para él; siempre y únicamente Cristo.

J.P. Fruit dijo lo siguiente: "Cuando Spurgeon oraba, parecía que Jesús estaba de pie a su lado."

Sus últimas palabras en el lecho de muerte, dirigidas a su esposa, fueron estas: "¡Oh querida, he gozado un tiempo muy glorioso con mi Señor!" Ella al ver por fin, que su marido había partido con el Señor cayó de rodillas y con lágrimas exclamó: "¡Oh bendito Señor Jesús, te agradezco el tesoro que me prestaste durante todos estos años; ahora Señor, dame fuerzas y dirección para seguir en el futuro!"

Seis mil personas asistieron a su funeral. En el féretro le pusieron una Biblia abierta que mostraba el texto que Dios usó para convertirlo: "Mirad a mí, y sed salvos, todos los términos de la tierra."

El cortejo fúnebre pasó entre cientos de miles de

personas que se encontraban apostadas de pie en las las mujeres lloraban.

La sencilla tumba del célebre Príncipe de los predicadores, en el cementerio de Norwood, da testimonio de la verdadera grandeza de su vida. En la lápida se leen estas humildes palabras:

Aquí yace el cuerpo
de
CARLOS HADON SPURGEON
Esperando la aparición
de su Señor y Salvador
JESUCRISTO

PASTOR HSI

Amado líder chino
1836-1896

¡Había sucedido lo "imposible" y toda la población deploraba semejante "tragedia"; el señor Hsi, ciudadano respetado por todos, se había hecho un creyente! Hacía dos años que un predicador de la "nueva religión" predicaba en la provincia de Shan-si. Al paso que se esperaba que se adhiriesen a la nueva religión algunos ignorantes, nadie imaginaba que el señor Hsi, que era un hombre culto, de gran influencia entre el pueblo y un destacado adepto de Confucio, ¡fuera el primero en caer "hechizado" por los "diablos extranjeros"!

No había nadie entre el pueblo que odiase tanto a los extranjeros como el señor Hsi. Pero de repente sucedió que se sintió ligado en espíritu al misionero. Entonces abandonó todos los ídolos; ¡se decía que los había quemado! Dejó de adorar las tablas ancestrales. Ya no se percibía más el olor de incienso en su casa. ¡Y lo más extraño de todo, el señor Hsi había desistido de fumar opio!

Los ancianos recordaban que Shan-si había sido una de las provincias más prósperas de la China y contaban cómo había sido introducido el "humo extranjero", es decir, el opio. El vicio se volvió tan generalizado, que todo el pueblo se encontraba ahora en la mayor pobreza. Ni siquiera los más ancianos recordaban que alguien habituado a fumar opio, se hubiese librado del vicio al cabo de los años. Sin embargo, el erudito Hsi había abandonado por completo su aparato de fumar opio, y no parecía sentir el ansia que sienten los que se ven privados de la droga estupefaciente.

El tiempo que otrora pasaba preparando y fumando el opio, ahora él lo empleaba en los ritos, para ellos extraños, de la nueva religión. Día y noche el recién convertido se dedicaba al estudio de los "libros de los extranjeros"; a veces cantaba de una manera singular y otras veces, de rodillas y con los ojos cerrados le hablaba al "Dios de los extranjeros", un Dios que nadie veía y que no tenía un santuario para localizarse.

Día tras día la señora de Hsi notaba la gran transformación que ocurría en la vida de su marido, y comenzó a abandonar el intenso odio que sintió cuando él se convirtió. Cuando se despertaba de noche lo encontraba absorto leyendo el precioso Libro de los libros, o arrodillado suplicando al Dios invisible, cuya presencia él sentía. La persistencia de este hombre en reunir a todos los miembros de la familia diariamente, para los cultos extraños, fue tan grande que ganó también a su esposa para Cristo.

Para el creyente Hsi, Satanás era el temible adversario que realmente estaba siempre incansable y constantemente acechando para abatirlo y destruirlo. Sin embargo, para él el poder de Cristo era igualmente real, y Hsi salía siempre más que vencedor en todas sus dificultades. El consideraba que la oración era indispensable, y poco tiempo después de convertirse llegó a reconocer también el valor del ayuno para orar mejor.

Fue entonces que sucedió lo más inesperado: la propia personalidad de la señora de Hsi parecía cambiada; al convertirse, ella se volvió profundamente alegre y recibía las lecciones sobre las Escrituras ávidamente. Su marido esperaba que en breve ella se volviese una verdadera compañera en la obra de ganar almas. Pero repentinamente parecía cernirse sobre ella una nube de mal. A pesar de todos sus esfuerzos, se sentía arrastrada, contra su propia voluntad, a practicar todo cuanto el diablo le sugiriese. Especialmente a la hora del culto doméstico, le daban violentos ataques de cólera.

Entonces el pueblo decía: "¡Hsi y su esposa están cosechando lo que sembraron! Y como afirmamos desde el principio, ésa es una doctrina del diablo y ahora la señora de Hsi esta poseída de demonios."

Durante algún tiempo el enemigo de las almas pareció invencible. La señora de Hsi, a pesar de todas las oraciones de los creyentes, continuaba debilitándose, hasta quedarse casi sin fuerzas.

Fue entonces que Hsi confiando en el poder de Dios, llamó a todos los miembros de la familia para que ayunasen y se dedicasen a la oración. Después de orar durante tres días y tres noches consecutivas, en ayuno, Hsi se sintió débil físicamente, pero fuerte en espíritu. Entonces puso las manos sobre la cabeza de la esposa y ordenó, en el nombre de Jesús, que los espíritus inmundos saliesen del cuerpo de ella para nunca más volver a atormentarla. La cura de la señora de Hsi fue tan notable y completa, que tuvo una gran repercusión en toda la ciudad. ¡El pueblo reconoció el poder que los demonios ejercían sobre el cuerpo y allí, delante de sus ojos, estaba la prueba de un poder mayor que el del diablo!

Pero fue el señor Hsi, más que cualquier otra persona, el que se aprovechó de esa sensacional maravilla. Se esforzó desde entonces, de una manera nueva, a proclamar el evangelio y se dedicó con una creciente fe en Cristo, a orar en todas las circunstancias.

Así, de una manera sencilla y natural Hsi confiaba en que el Señor haría lo que había prometido en Marcos 16:17, 18: "Y estas señales seguirán a los que creen: En mi nombre echarán fuera demonios; hablarán nuevas lenguas; tomarán en las manos serpientes, y si bebieren cosa mortífera, no les hará daño; sobre los enfermos pondrán sus manos y sanarán."

En respuesta a la oración de ese humilde creyente, el Señor obraba con él y confirmaba la Palabra con señales, como en Samaria, Lida, y otros lugares de los tiempos antiguos, de los apóstoles. Y como en los tiempos antiguos, numerosos hombres y mujeres, al ver el poder de Dios, se convirtieron al Señor.

Nunca antes hubo nadie que se atreviese a contrariar a Satanás en toda la provincia de Shan-si; por lo tanto, no es de admirar que entonces él se enfureciese. Eso también fue como en los tiempos antiguos.

Entre tanto, la persecución se volvió cada vez más severa, hasta que por fin el pueblo planeó, con motivo de una gran fiesta pagana, estirar cuerdas entre las vigas que sostenían los techos de los templos idólatras y colgar allí por las manos a todos los creyentes, hasta que se retractaran o negaran su fe en la "religión de los extranjeros".

Ahora bien, Hsi era tan práctico como espiritual, y decidió llevar el caso al conocimiento de las autoridades. Era novato en la fe y no conocía bien los versículos de las Escrituras como éstos: "No resistáis al que es malo" y "Mía es la venganza, yo pagaré, dice el Señor." Hizo tanto alboroto ante el mandarín, que éste, para librarse de él, envió soldados para que defendieran a los creyentes.

Debido a eso, la persecución fracasó y el pueblo asombrado de la "religión de los extranjeros" se sometió. Después de eso, grandes multitudes afluyeron a los cultos. Sin embargo, a medida que transcurría el tiempo Hsi no se sentía safisfecho, pues los creyentes no se desenvolvían en la forma que él esperaba. Las pequeñas iglesias, a pesar de todos sus esfuerzos por alimentarlas no prosperaban, y con cualquier perturbación un gran número de creyentes se desviaban de la fe.

Lo que copiamos a continuación, se encuentra entre sus propios escritos, y muestra cómo en ese tiempo vio su error y se dio a la oración:

"Por causa de las embestidas de Satanás, mi esposa y yo dormimos durante tres años con la misma ropa que usábamos de día, para poder vigilar y orar mejor. A veces pasábamos toda la noche orando en un lugar solitario y el Espíritu Santo descendía sobre nosotros... Siempre tratábamos de pensar, hablar y comportarnos de manera que agradáramos al Señor, pero entonces reconocíamos como nunca, nuestra propia debilidad; que de hecho no éramos nada y nos esforzábamos para conocer la voluntad de Dios."

No hay mayor prueba, tal vez, de la verdadera conversión que la influencia sobre el prójimo. Después que Hsi procuró estar más cerca del Señor, fue elegido jefe por el pueblo de la aldea donde vivía, cargo que rehusó de entrada porque no podía participar de los ritos del templo pagano. Pero ese hecho había sido previsto por el pueblo, de modo que insistieron para que aceptase la magistratura, con la condición de que no tenía ninguna obligación de asistir a las solemnidades que tenían relación con los dioses de ellos. "Solamente tiene que mandar y nosotros obedeceremos", decía la multitud. Sin embargo, cuando Hsi rehusó aceptar, a no ser que el pueblo cesase todas las ceremonias paganas y cerrase el templo, todos se regresaron a sus casas.

Grande fue pues la sorpresa cuando algunos días más tarde, el pueblo volvió y estuvo de acuerdo en cerrar el templo. El erudito Hsi era el único entre ellos que se había librado del vicio del opio y que estaba capacitado para gobernar al pueblo.

Entonces el fervoroso creyente asumió el cargo como un servicio que hacía ante el Señor. Hubo una buena cosecha, un buen éxito financiero y prevaleció la paz y la felicidad. Fue reelecto para el segundo año y para el tercero. Pero cuando lo reeligieron para el cuarto año, él rehusó el cargo, insistiendo en que debía entregar todo su tiempo a la obra de la evangelización, obra que había aumentado grandemente. Cuando el pueblo lo elogiaba por la buena manera como servía a todos, él respondía con una sonrisa: "Ahora los ídolos por cierto ya se han muerto de hambre y sería más económico si vosotros no los resucitaseis."

Esa fue una lección práctica que perduró por mucho tiempo.

El gran problema que el Pastor Hsi tuvo que enfrentar fue la salvación de un pueblo entregado al vicio de fumar opio. Debía haber un medio para liberar a esos infelices esclavos de la desesperación indescriptible, porque el Hijo de Dios vino con el propósito definido de buscar y salvar a los perdidos.

Mientras el Pastor Hsi oraba sobre ese problema, fue inducido a convertir su casa en "Refugio", e invitó a un misionero que tenía un remedio para aliviar el ansia que sienten los viciados cuando se ven privados de la droga, para que lo ayudara. Al comienzo, solamente dos de los interesados tuvieron el coraje de experimentar el tratamiento; los otros frecuentaban el "Refugio" día tras día para ver el resultado.

Por fin, uno de los pacientes, cuyo cuerpo y mente agonizaban, despertó a los otros a medianoche. En respuesta a la oración, el Señor, que es el mismo ayer, hoy y siempre, lo alivió inmediatamente. El gozo que sintió el hombre que había sido liberado fue tan grande, que uno después de otro de los más interesados solicitaron permiso para comenzar el tratamiento inmediatamente.

Poco después se les acabó el remedio importado que usaban para disminuir los sufrimientos de los enfermos. Acerca de esto el fervoroso Hsi escribió lo siguiente: "Permanecí ante el Señor en oración y ayuno, rogándole que me mostrase cuáles eran los ingredientes necesarios y al mismo tiempo me ayudase y fortaleciese para poder preparar las píldoras que necesitaba para aliviar a los que sufrían."

Para distraer a los pacientes y aprovechar la ocasión, el misionero les enseñaba himnos y pasajes de la Biblia; realizaba cultos dos veces al día y hacía que los interesados repitiesen, hora tras hora, porciones de las Escrituras. Cuando les faltaba otro recurso, recurrían a las píldoras preparadas por el Pastor Hsi, que producían el mismo efecto que el remedio importado. No obstante, el fiel Hsi no confiaba del todo en las píldoras, ni las fabricaba sin ayunar y orar antes. Cuando fabricaba las píldoras, acostumbraba pasar el día entero ayunando. A veces, en la tarde, sintiéndose demasiado cansado para continuar de pie, salía para pasar algunos minutos ante Dios. "Señor, es tu obra. Dame tu fuerza", era su petición, y siempre volvía renovado como si hubiese comido y descansado.

Uno de los secretos del increíble éxito que alcanzó el Pastor Hsi en la obra del Refugio, era la audacia de su amor para con los desdichados cautivos del vicio del opio; amor que lo llevó a persistir y a sacrificarlo todo por ellos. Cuando cometían alguna falta, o aun tramaban algún plan para derribarlo, soportaba todo como solamente el amor sabe soportar.

Mientras más oraba el Pastor Hsi tanto más aumentaba Dios la obra; y mientras más crecía la obra tanto más sentía él el anhelo de orar. En vez de estar esclavizado por las innúmeras obligaciones, deliberadamente dedicaba horas y hasta días enteros, frecuentemente en ayuno, para orar delante del Señor con el fin de conocer su voluntad y recibir su plenitud.

Cierto día cuando oraba así, el Señor lo impresionó profundamente con respecto a los habitantes de la ciudad de Chao-ch'eng que vivían y morían sin conocer el camino de la salvación. Pero ¿cómo podía él abrir otro Refugio en una ciudad cuyas costumbres no conocía? ¿De dónde podía él sacar el tiempo necesario? Pero entonces mientras estaba orando el Señor le dijo: "Toda potestad me es dada." Pero ¿cómo podía ir sin recursos? No tenía dinero suficiente ni para pagar el pasaje hasta la ciudad. Continuó orando y el Señor continuó allanando las dificultades. "¿Dinero? ¿era dinero lo que precisaba para abrir los corazones y ganar almas? ¿Si el Señor llamaba, no supliría El todo lo necesario? ¿Acaso los muros de Jericó no se desplomaron hasta el suelo, sin la intervención de manos humanas?..."

Así, al finalizar el año 1884, cinco años después de su conversión, el Pastor Hsi era ya el dirigente de una obra que se extendía desde Teng-ts'uen, al sur de donde él vivía, hasta Chao-ch'eng, ubicada a sesenta kilómetros al norte. Había entonces ocho Refugios ya y un buen número de congregaciones dispersas entre ellos.

Pero el Pastor Hsi no podía contenerse. A una distancia de un día de viaje todavía más al norte, quedaba la gran ciudad de Hoh-chau. Constreñido por el amor de Dios, suplicaba al Señor que lo usase como instrumento para abrir la obra allí. Todos los días oraba insistentemente por Hoh-chau en el culto doméstico. Por fin, la señora de Hsi no pudo contenerse más y preguntó: "Ya hemos orado durante bastante tiempo, ¿no será que ahora nos conviene actuar?"

"Por cierto, ¿pero si tuviésemos dinero?" respondió su marido.

Al día siguiente, el Pastor Hsi, durante el culto doméstico oró como de costumbre. Al finalizar el culto, la esposa, en vez de retirarse, avanzó y colocó un paquetito sobre la mesa, diciendo: "Yo creo que el Señor ya respondió a nuestras súplicas."

Admirado e ignorando lo que ella quería decir con aquel gesto, tomó el paquete que estaba sobre la mesa. Contenía algo pesado envuelto en varias tiras de papel, y dentro del papel un pañuelo. Al abrir el pañuelo, encontró los objetos más apreciados por una señora china: anillos, pulseras, pendientes, y broches de oro y de plata — objetos que le fueron regalados a la señora de Hsi cuando se casaron.

Con los ojos llenos de lágrimas él contempló a su esposa, notando por primera vez la diferencia en su apariencia, sin los atavíos usados por las mujeres casadas. Ya no llevaba el anillo de matrimonio en el dedo; ¡en vez de los adornos de plata en sus cabellos, se veían las trenzas aseguradas con hilos de cáñamo!

Cuando él quiso rehusar la oferta, ella insistió alegremente, diciendo: "¡No importa! Puedo pasar sin esas cosas. Hoh-chau debe tener el evangelio."

El Pastor aceptó el ofrecimiento de su esposa, ofrecimiento que representaba un profundo sacrificio de parte de ella, pero que era suficiente para abrir el Refugio, que luego se convirtió en un centro de luz y de bendición en la gran ciudad.

Después de iniciar la obra en Hoh-chau, se realizó una convención en la cual fueron bautizados setenta y dos nuevos convertidos. El poder de Dios era tal y la asistencia a esas reuniones era tan grande, que fue necesario realizar los cultos al aire libre, a pesar de las grandes lluvias. Eso sucedió después de un gran período de sequía, y los creyentes no querían orar al Señor para que retuviese la lluvia.

Cierto joven endemoniado, del Refugio de Chao-ch'eng asistió a esa convención. Al caer el poder de Dios sobre los cultos, ese joven se puso violento e intentó destruirse y herir a las personas que estaban a su alrededor. Cuando el Pastor Hsi se acercó, el joven dejó de gritar y de luchar; los hombres que lo aseguraban dijeron: "¡El ya está bien! ¡Ahora ya está bien! ¡El espíritu ya salió de él!"

Pero el Pastor no se dejó engañar; poniendo las manos sobre la cabeza del joven, oró con insistencia en el nombre de Jesús. El joven sintió un alivio inmediato y cuando el Pastor se retiró parecía completamente liberado.

Cierto creyente conmovido al presenciar toda esa escena, sacó cincuenta dólares de su bolsillo y le dijo al Pastor: "Acepte esto; sé que sus gastos en la obra son grandes."

El Pastor, sorprendido, aceptó el dinero, pero al pensar sobre el caso se sintió turbado; la suma era muy elevada y la aceptó sin pedir consejo al Señor. Se retiró inmediatamente para llevar el caso a Dios.

Apenas había comenzado a orar, llegó uno de los creyentes apresuradamente. El endemoniado se había puesto más violento que nunca y los hombres ya no podían asegurarlo.

Cuando el pastor se acercó al joven el espíritu clamó: "Puedes venir, pero ya no te temo más. ¡Parecías tan elevado como los cielos pero ahora eres bajo, vil e insignificante! ¡Ya no tienes poder para dominarme!"

El pastor, reconociendo que al aceptar el dinero había perdido la fe y el poder, se dirigió al creyente que se lo había dado, mientras el desgraciado endemoniado blasfemaba en alta voz. Devolvió toda la suma, explicando cómo al recibir el dinero, había perdido su contacto con Dios.

Después, con las manos vacías, pero con el corazón lleno de gozo, volvió nuevamente a donde estaba la multitud alborotada. El joven continuaba furioso; pero el Pastor ya estaba en contacto con el Maestro. Con toda calma, y en el nombre de Jesús, ordenó al espíritu que se callase y saliese del joven. El muchacho dio un grito y fue lanzado por el demonio al suelo, donde se quedó por algunos minutos contorciéndose con dolores agonizantes. Luego se levantó, con el cuerpo abatido, pero completamente liberado del espíritu maligno.

Cierto misionero escribió lo siguiente acerca de Hsi: "El Pastor Hsi estaba siempre alegre; servía al prójimo incansablemente; trataba a todas las personas con la mayor delicadeza. Nunca se comportó con ligereza, ni desperdició el tiempo en asuntos innecesarios. Ganar almas era para él la pasión de su vida... Era imposible estar con el Pastor Hsi sin orar. Su instinto en todo era el mirar a Dios. Mucho antes de que rayase el día, se lo oía en su cuarto orando y cantando horas enteras. Parecía que la oración era la atmósfera en que él vivía, y él esperaba y recibía las más sorprendentes respuestas.

"Recuerdo que en cierta ocasión, cuando viajaba con él, nos hospedamos en una pequeña casa de huéspedes. Estando allí, lo buscó una mujer que traía en los brazos a un niñito enfermo y que sufría mucho. Así venían a él hombres y mujeres en todos los lugares por donde pasaba. Reconocían que era un hombre de Dios y que podía socorrerlos. Al verla, el Pastor Hsi se puso inmediatamente de pie, saludó a la mujer que llevaba el hijito y tomó al chico en sus brazos y oró pidiendo a Dios que lo sanase. La mujer se sintió grandemente consolada y partió. Algunas horas más tarde vi al pequeñín sano, correteando y jugando. Tales sucesos eran muy comunes.

"Nunca me olvidaré de la convención que tuvo lugar en P'ing-vang... Cuando nos aproximábamos al local durante la noche, oí a los creyentes llorando y orando en voz baja. Allí estaba el querido pastor Hsi juntamente con un gran número de hermanos, arrodillados, clamando al Señor y suplicando que salvase a sus parientes y amigos... Creían en el poder de la oración, y se dedicaban a la intercesión...

"Durante todo el invierno el Pastor Hsi estuvo bajo el poder del Espíritu y transmitía ese poder al prójimo. Cuando encontraba a un auxiliar que estaba pasando por alguna prueba, ayunaba, oraba y le imponía las manos. El resultado era que, generalmente, los auxiliares recibían el mismo poder.

"En ese tiempo también había una gran falta de sujeción a la Palabra de Dios. El Pastor Hsi, por lo tanto, en todo se entregaba a la oración; en el transcurso de los años llegó a ser poderoso en exponer las Escrituras."

La fuerza y resistencia que manifestaba bajo pruebas físicas y mentales, eran extraordinarias; recibía virtud de Dios para realizar su obra. Estando ya viejo podía andar cuarenta y cinco kilómetros de una sola vez, y asimismo, después de ayunar por dos días seguidos podía bautizar a cincuenta personas sin descansar y sin interrupción.

Finalmente, a la edad de sesenta años, en medio de la lucha de esta vida, Dios lo llamó. En la misma sala donde antes de su conversión fumaba opio, pasó algunos meses en cama, sin experimentar ningún sufrimiento, tan sólo con sus fuerzas casi completamente agotadas. Al cerrar los ojos aquí en este mundo, en la mañana del día 19 de febrero de 1896, para ir a estar en la presencia de su Señor, centenares de sus hijos en la fe que lo amaban ardientemente, no pudieron contenerse más y rompieron en un gran llanto y fuertes sollozos.

Durante la vida aquí, entregó todo al Señor. Para él no existía nada demasiado precioso que no pudiese usarlo para su Jesús. No había trabajo demasiado arduo cuando se trataba de ganar un alma, por la cual su Salvador había muerto. Nunca encontró una cruz demasiado pesada, si podía llevarla por amor de Cristo. Jamás consideró un camino demasiado difícil, si se trataba de seguir las pisadas de su Maestro.

Así, el fiel Pastor Hsi fue trasladado para un servicio más alto, más sublime; fue promovido para realizar actividades en una más íntima comunión con Jesús.

La obra que dejó fundada en Chao-ch'eng, Teng-ts'uen, Hoh-chau, T'ai-yang, Ping-yang y decenas de otros lugares, es como una pujante fortaleza y como un farol resplandeciente, que disipa las tinieblas del paganismo en la China. Los refugios y las iglesias fundadas en esos lugares permanecen como imponentes monumentos a su memoria.

DWIGHT LYMAN MOODY

Célebre conquistador de almas

1837-1899

Sucedió durante una de las famosas campañas evangelísticas de Moody y Sankey. Se había reservado la noche de un lunes para un discurso dirigido a los materialistas. Carlos Bradlaugh, campeón del escepticismo, que entonces se encontraba en el cenit de su fama, había ordenado que todos los miembros de los clubs que había fundado asistiesen a la reunión. Así pues, cerca de 5.000 hombres, resueltos a dominar el culto entraron y ocuparon todos los bancos.

Moody predicó sobre el siguiente texto: "Porque la roca de ellos no es como nuestra Roca, y aun nuestros enemigos son de ello jueces" (Deuteronomio 32:31).

Relatando una serie de incidentes pertinentes y conmovedores de sus experiencias con personas que estaban en su lecho de muerte, Moody dejó que los hombres juzgasen por sí mismos quién tenía un mejor fundamento sobre el cual debían basar su fe y su esperanza. Sin querer, muchos de los asistentes tenían lágrimas en los ojos. La gran masa de hombres, mostrando el más negro y determinado desafío a Dios, reflejado en el rostro, encaró el continuo ataque a los puntos más vulnerables, es decir, el corazón y el hogar.

Al finalizar, Moody dijo: "Levantémonos para cantar: 'Oh, venid vosotros los afligidos, ahora' y mientras lo hacemos, los porteros abran todas las puertas para que puedan salir todos los que quieran. Después seguiremos el culto como de costumbre, para aquellos que deseen aceptar al Salvador." Una de las personas que asistió a ese culto, dijo: "Yo esperaba que todos iban a salir inmediatamente, dejando el recinto vacío. Pero la gran masa de 5.000 hombres se levantó, cantó y se sentó de nuevo; ¡ninguno de ellos dejó su asiento!"

Moody, entonces dijo: "Quiero explicar cuatro palabras: Recibid, creed, confiad y aceptad al Señor." Una amplia sonrisa pasó por todo aquel mar de rostros. Después de hablar un poco sobre la palabra recibida, Moody hizo un llamamiento: "¿Quién quiere recibirlo? Solamente tienen que decir: 'Quiero.' " Cerca de cincuenta de los que se encontraban de pie y arrimados a las paredes, respondieron: "Quiero", pero ninguno de los que estaban sentados dijo nada. Un hombre exclamó: "Yo no puedo", a lo que Moody replicó: "Habló bien y con razón, amigo; fue bueno que se haya expresado así. Escuche y después podrá decir: 'Yo puedo.' Moody entonces explicó el sentido de la palabra "creer" e hizo el segundo llamamiento: "¿Quién dirá: 'Yo quiero creer en El?' " De nuevo, algunos de los hombres que estaban de pie respondieron, aceptando; pero uno de los jefes de uno de los clubs gritó: "¡Yo no quiero!" Entonces Moody, vencido por su ternura y compasión, respondió con voz quebrantada: "Todos los hombres que están aquí esta noche tienen que decir: "Yo quiero", o "Yo no quiero".

Entonces Moody hizo que la audiencia considerase la historia del hijo pródigo, diciendo: "La batalla es sobre querer — solamente sobre querer. Cuando el hijo pródigo dijo: 'Me levantaré', fue cuando él ganó la lucha, porque había alcanzado el dominio sobre su propia voluntad. Y sobre este punto es que depende todo hoy. Señores, tenéis ahí en vuestro medio a vuestro campeón, el amigo que dijo: 'Yo no quiero.' Deseo que todos aquí, los que crean que ese campeón tiene razón, se levanten y sigan su ejemplo, diciendo: 'Yo no quiero.'" Todos se quedaron quietos y hubo un gran silencio hasta que por fin Moody lo interrumpió, diciendo: "¡Gracias a Dios! Nadie dijo: 'Yo no quiero.' Ahora, ¿quién dirá: 'Yo quiero?'" Entonces parece que, instantáneamente, el Espíritu Santo se hizo cargo de ese gran auditorio de enemigos de Jesucristo, y cerca de 500 hombres se pusieron de pie, con lágrimas corriéndoles por las mejillas y gritando: "¡Yo quiero! ¡Yo quiero!" Clamaron hasta que todo el ambiente se transformó. La batalla se había ganado.

El culto terminó sin demora, para que se comenzase la obra entre aquellos que estaban deseosos de recibir su salvación. En cuestión de ocho días, cerca de dos mil personas fueron transferidas de las filas del enemigo al ejército del Señor, mediante la rendición de la propia voluntad. Los años que siguieron probaron la firmeza de la obra, pues los clubs nunca se levantaron. Dios, en su misericordia y poder, los aniquiló mediante su evangelio.

Un total de quinientas mil almas preciosas ganadas para Cristo, es el cálculo de la cosecha que Dios hizo por intermedio de su humilde siervo, Dwight Lyman Moody. R. A. Torrey, que lo conoció íntimamente, lo consideraba, con razón, el hombre más grande del siglo XIX, es decir, el hombre que había sido más usado por Dios para ganar almas.

No se exagera al decir que hoy en día, más de medio siglo después de su muerte, los creyentes se refieren a su nombre más que a cualquier otro nombre después del tiempo de los apóstoles.

Que nadie piense, sin embargo, que D. L. Moody fue grande en sí mismo o que tuvo oportunidades que los demás no tienen. Sus antepasados eran sólo labradores, los cuales vivieron por siete generaciones, es decir durante unos 200 años, en el valle de Connecticut, en los Estados Unidos. Dwight nació el 5 de febrero de 1837, de padres pobres, siendo él el sexto de entre nueve hijos. Cuando él todavía era pequeño, su padre falleció y los acreedores se apoderaron de todo, dejando a la familia destituida de todo, hasta de la leña para calentar la casa en tiempo de intenso frío.

No hay historia tan conmovedora e inspiradora como la de aquellos años de lucha de la viuda, madre de Dwight. Pocos meses después de la muerte de su marido, le nacieron gemelos, cuando el hijo mayor tenía solamente doce años de edad. El consejo de todos sus parientes fue que ella entregase a sus hijos para que otros los criaran. Pero con un invencible coraje y una santa dedicación a sus hijos, ella logró criar a todos los nueve hijos en su propio hogar. Se conserva todavía, como un preciado tesoro, su Biblia, con las palabras de Jeremías 49:11 subrayadas: "Deja tus huérfanos, yo los criaré; y en mí confiarán tus viudas."

¿Qué otra cosa se puede esperar de los hijos que se han criado junto a su madre, sino que se conviertan en hombres y mujeres que conozcan al mismo Dios que ella conoció?

Así se expresó Dwight, junto al ataúd de la madre, cuando ella falleció a la edad de noventa años: "Si puedo contener mi emoción, quiero decir algunas palabras. Es un gran honor el haber sido hijo de una madre como ella. Yo he viajado mucho, pero nunca he encontrado otra persona como ella. Ella estaba siempre tan unida a sus hijos, que representaba para cualquiera de nosotros un gran sacrificio alejarnos del hogar.

"Durante el primer año después que mi padre falleció, ella se dormía todas las noches llorando. No obstante, estaba siempre alegre y animada en presencia de sus hijos. Las añoranzas le servían para llevarla hacia Dios... Muchas veces yo me despertaba y ella estaba orando, y otras veces, llorando. No puedo expresar la mitad de lo que deseo decir. ¡Cuán querido es para mí aquel rostro! Durante cincuenta años no he sentido gozo mayor que el de volver a mi casa. Cuando yo venía de regreso y estaba todavía a 75 kilómetros de distancia, ya me sentía tan inquieto y deseoso de llegar, que me levantaba del asiento para pasear por el vagón, hasta que el tren llegaba a la estación... Si llegaba después del anochecer, siempre miraba para ver la luz de la ventana de mi madre. Me sentí tan feliz esta vez por haber llegado a tiempo de que ella todavía pudiese reconocerme. Le pregunté; '¿Madre, me reconoces?' y ella respondió: '¡Vamos, cómo no te voy a reconocer!'

"Aquí está su Biblia, tan gastada, porque es la Biblia del hogar; todo lo que ella tenía de bueno, vino de este libro y fue de él que nos enseñó. Si mi madre era una bendición para el mundo, fue porque ella bebía de esta fuente. La luz de la viuda de Moody brilló desde su casa en la colina durante cincuenta años. ¡Que Dios te bendiga, madre; aún te amamos! ¡Adiós, tan sólo por un poco de tiempo, madre!"

Al considerar el éxito de Dwight L. Moody, nos vemos obligados a añadir: ¿Quién puede calcular las posibilidades de un hijo criado en un hogar en que los padres aman sinceramente al Padre celestial, al punto de llamar diariamente a todos sus hijos, para que escuchen la voz de Dios en la lectura de la Biblia, y clamen reverentemente a El en oración?

Todos los hijos de la viuda de Moody asistían a los cultos los domingos; llevaban la merienda para pasar el día entero en la iglesia. Tenían que oír dos prolongados sermones, y entre ésos, asistir a la Escuela Dominical. Dwight, después de trabajar toda la semana, creía que su madre le exigía demasiado obligándolo a asistir a los sermones, los cuales él no comprendía. Pero finalmente, llegó a agradecer a esa buena madre su dedicación en ese sentido.

A la edad de 17 años, Moody salió de su casa para ir a trabajar a la ciudad de Boston, donde encontró empleo en la zapatería de un tío suyo. Continuó asistiendo a los cultos, pero todavía no era salvo. Nótenlo bien todos aquellos que se dedican a la obra de ganar almas, que no fue en un culto donde Dwight Moody fue llevado al Salvador. Su maestro de la Escuela Dominical, Eduardo Kimball, nos cuenta lo siguiente:

"Resolví hablarle acerca de Cristo y acerca de su alma. Vacilé un poco antes de entrar a la zapatería, pues no quería estorbar al muchacho durante las horas de trabajo... Por fin entré, resuelto a hablarle sin más demora. Encontré a Moody al fondo de la tienda envolviendo calzado. Enseguida me aproximé a él y poniéndole una mano sobre el hombro, hice lo que después me pareció una presentación muy pobre, una invitación para aceptar a Cristo. No me acuerdo de lo que le dije entonces, ni el mismo Moody podía recordarlo algunos años después. Simplemente le hablé del amor de Cristo para con él, y el amor que Cristo esperaba de él en reciprocidad. Me parecía que el muchacho estaba listo para recibir la luz que lo iluminó en aquel momento, y allí mismo al fondo de la zapatería, él se entregó a Cristo."

En la historia del cristianismo, a través de los siglos,

no ha habido creyente que fuese, en cuanto a celo, menos remiso, y en espíritu, más fervoroso en servir al Señor, desde su conversión hasta el día de su muerte, que Moody de Northfield. Cuántas veces después, el señor Kimball daba gracias a Dios por no haber sido desobediente a la visión celestial. ¡¿Cuál habría sido el resultado si no le hubiese hablado al joven aquella mañana en la zapatería?!

Era costumbre de las iglesias de aquella época, que alquilasen los asientos. Moody, inmediatamente después de su conversión, transportado de amor para con su Salvador pagó el arriendo de un banco. Luego recorrió las calles, hoteles y casas de pensión, buscando hombres y muchachos para llenarlo en todos los cultos. Después arrendó otro banco, y después otro y otro, hasta llegar a llenar cuatro bancos todos los domingos. Pero eso no era suficiente para satisfacer el amor que él sentía por los perdidos.

En ese tiempo, siendo aún de menos de veinte años de edad, se fue a Chicago, donde siguió trabajando con mucho éxito como vendedor de zapatos. Allí cierto domingo visitó una Escuela Dominical, donde pidió permiso para enseñar una clase. El dirigente le respondió: "Hay doce maestros y dieciséis alumnos. Sin embargo, usted puede enseñar a todos los alumnos que consiga traer a la escuela." Fue una gran sorpresa para todos, cuando el domingo siguiente Moody entró con dieciocho niños traídos de la calle, sin sombrero, sin zapatos y con la ropa sucia y raída — como él dijo: "Todos ellos tienen un alma que salvar."

Continuó llevando cada vez más alumnos a la Escuela Dominical, hasta que algunos domingos después ya no cabían más en el edificio. Entonces resolvió abrir otra Escuela Dominical en otra parte de la ciudad. Moody no enseñaba, sino que consiguió profesores, y proporcionaba el pago del alquiler y de otros gastos. En pocos meses esa Escuela Dominical se convirtió en la mayor de la ciudad de Chicago. Como no consideraba conveniente pagar a otro para que trabajara el día domingo, Moody, muy temprano por la mañana, sacaba las pipas de cerveza (otros ocupaban el local durante la semana), barría y preparaba todo para el funcionamiento de la escuela. Después, salía para invitar a los alumnos. A las dos de la tarde, cuando volvía después de hacer sus invitaciones, encontraba el local repleto de alumnos.

Después de terminar el servicio en la Escuela Dominical, él iba a visitar a los ausentes e invitaba a todos para que fuesen al servicio de predicación de la noche. En su llamamiento de después del sermón, invitaba a todos los interesados a quedarse para un culto especial, en el cual trataban individualmente con todos. Moody también participaba en esa cosecha de almas.

Antes de acabar el año, un promedio de seiscientos alumnos asistían a la Escuela Dominical, divididos en ochenta clases. Luego la asistencia pasó a ser de mil alumnos y a veces hasta de mil quinientos.

El éxito de Moody en la Escuela Dominical atrajo la atención de otros que se interesaban por el mismo trabajo. De vez en cuando era invitado a participar en las grandes convenciones de las Escuelas Dominicales. Cierta vez, después que Moody hablase en una convención, un orador lo censuró severamente por no saber dirigirse a un auditorio. Moody avanzó hacia el frente, y después de explicar que reconocía no ser un individuo instruido, agradeció al ministro por haberle mostrado sus defectos, y le pidió que orase a Dios para que El lo ayudase a hacer lo mejor que pudiese.

Al mismo tiempo que Moody se dedicaba a la

Escuela Dominical con tan buenos resultados, también se esforzaba por tener éxito todos los días en el negocio. La gran meta de su vida era llegar a ser uno de los principales comerciantes del mundo, un multimillonario. ¡No tenía más de veintitrés años y ya había ahorrado siete mil dólares! Pero su Salvador tenía un plan mucho más noble para su siervo.

Cierto día uno de los maestros de la Escuela Dominical entró en la zapatería donde Moody trabajaba. Le informó que estaba tuberculoso y que, habiendo sido desahuciado por el médico, había decidido volver a Nueva York para morir allí. Confesó que se sentía muy turbado, no porque tenía que morir, sino porque hasta entonces no había logrado llevar al Salvador a ninguna de las muchachas de su clase de la Escuela Dominical. Moody, profundamente conmovido, sugirió que visitasen juntos a las muchachas en sus casas, una por una. Visitaron a una, y el maestro le habló seriamente acerca de la salvación de su alma. La joven escuchó, dejó su superficialidad y comenzó a llorar, entregándose a su Salvador. Todas las otras muchachas que fueron visitadas en aquel día hicieron lo mismo.

Pasados diez días, el maestro fue nuevamente a la zapatería. Lleno de júbilo le informó a Moody que todas las chicas se habían entregado a Cristo. Resolvieron entonces invitar a todas a un culto de oración y despedida, la víspera de la partida del maestro para Nueva York. Todos se arrodillaron y Moody, después de hacer una oración, estaba por levantarse cuando una de las muchachas comenzó también a orar. Todas oraron suplicando a Dios en favor del maestro. Al salir, Moody suplicó: "¡Oh Dios permíteme morir antes que perder la bendición que recibí hoy aquí!"

Más tarde Moody confesó: "Yo no sabía el precio que tenía que pagar por haber participado en la evangelización individual de esas muchachas. Perdí todo el afán de negociar; ya no tenía más interés en el comercio. Había experimentado otro mundo y no quería ganar más dinero... ¡Qué delicia es llevar un alma de las tinieblas de este mundo a la gloriosa luz y libertad del evangelio!"

Entonces, a la edad de veinticuatro años, poco tiempo después de haberse casado, Moody decidió dejar un buen empleo con un salario de cinco mil dólares al año, un salario que era fabuloso en aquel tiempo, para trabajar todos los días en el servicio de Cristo, sin tener ninguna promesa de recibir retribución económica alguna. Después de tomar esa resolución, se apresuró en ir a la firma B. F. Jacobs and Co., donde muy conmovido, anunció: "¡Ya he decidido emplear todo mi tiempo al servicio de Dios!" "¿Y cómo va a mantenerse?" le preguntaron. "Bueno, Dios me suplirá todo", contestó, "si El quiere que yo continúe; y continuaré hasta que me vea obligado a desistir."

Es muy interesante observar lo que él escribió poco después a su hermano Samuel: "Querido hermano: Las horas más alegres que he experimentado en la tierra, fueron las que pasé en la obra de la Escuela Dominical. Samuel, reúne un grupo de muchachos perdidos, llévalos a la Escuela Dominical y pide a Dios que te dé sabiduría para instruirlos en el camino de la vida eterna." Al tiempo que Moody describía su alegría, se vio obligado a dejar la pensión, a alimentarse más simplemente y a dormir en uno de los bancos del salón.

Acerca de su desprendimiento por el dinero, R. A. Torrey hizo esta observación: "El (Moody) me dijo que si hubiese aceptado los lucros provenientes de la venta de los himnarios que él publicó, esos lucros sumarían un millón de dólares. Sin embargo, Moody rehusó tocar ese dinero, aun cuando por derecho le correspondía... En cierta ciudad que Moody visitó en los últimos años de su vida, estando yo en su compañía, fue públicamente anunciado que él no aceptaría ninguna recompensa por sus servicios. Pero el hecho era que él casi no tenía otros medios de sustento, sino aquello que recibía en sus conferencias. Sin embargo, él no hizo ningún comentario sobre aquel anuncio y salió de aquella ciudad sin recibir un centavo siquiera por su arduo trabajo; y me parece que fue él mismo quien pagó su cuenta en el hotel donde se había hospedado."

La parte de la biografía de D. L. Moody que se refiere a los primeros años de su ministerio está repleta de proezas hechas en la carne. Mencionamos aquí sólo una, esto es, el hecho de que Moody hizo un increíble número de visitas en un sólo día. El mismo más tarde se refería a aquellos años como una manifestación del "celo de Dios, pero sin entendimiento", añadiendo: "Hay, sin embargo, más esperanza para el hombre que tiene celo, pero no entendimiento, que para el hombre de entendimiento sin celo."

Cuando estalló la tremenda Guerra Civil, Moody llegó con los primeros soldados al campamento militar, donde armó una gran tienda para los cultos. Después reunió dinero y levantó un templo, donde celebró mil quinientos cultos durante la guerra. Una persona que lo conocía, comentó su modo de actuar de la siguiente manera: "Moody parecía estar constantemente en todos los lugares, de día y de noche, los domingos y todos los día de la semana; orando, exhortando, hablando con los soldados acerca de su alma, y regocijándose por la abundante oportunidad de trabajar y de cosechar el fruto que estaba a su alcance por causa de la guerra."

Cuando acabó la guerra, dirigió una campaña para levantar en Chicago un edificio para los cultos con capacidad para 3.000 personas. Más tarde, cuando ese edificio fue destruido por un incendio, él y otros dos hombres iniciaron otra campaña, antes de que los escombros se hubiesen enfriado, para levantar un nuevo edificio. Ese edificio fue el *Farwell Hall II*, que se convirtió en un gran centro religioso de Chicago. El secreto de ese éxito fueron los cultos de oración que se realizaban diariamente, al medio día, precedidos por una hora de oración de Moody, que se escondía debajo de una escalera para orar.

En medio de esos grandes esfuerzos, Moody resolvió inesperadamente hacer una visita a Inglaterra.

Su principal interés al llegar a Londres fue oír a Spurgeon predicar en el Tabernáculo Metropolitano. El ya había leído mucho de lo que el "Príncipe de los predicadores" había escrito, pero allí pudo verificar que la gran obra no era de Spurgeon, sino de Dios, y salió de allí con una visión distinta.

También visitó a Jorge Müller y a su orfelinato en Brístol. Desde aquel momento la autobiografía de Müller ejerció tanta influencia sobre él, como antes lo había hecho "El peregrino" de Bunyan.

Sin embargo, lo que en ese viaje llevó a Moody a buscar definitivamente una experiencia más profunda con Cristo, fueron estas palabras proferidas por un gran ganador de almas de Dublin, Enrique Varley: "EL MUNDO TODAVIA NO HA VISTO LO QUE DIOS HARA CON, PARA, Y POR EL HOMBRE QUE SE ENTREGUE ENTERAMENTE A EL." Moody se dijo a sí mismo: "El no dijo 'por un gran hombre', ni 'por un sabio', ni 'por un rico' ni 'por un elocuente', ni 'por un inteligente', sino simplemente 'por un hombre'. Yo soy un hombre y cabe al hombre solamente resolver si desea o no consagrarse de esa manera. Estoy resuelto a hacer todo lo posible para ser ese hombre." A pesar de todo, después de volver a la América, Moody continuaba esforzándose y empleando los métodos terrenales. Fue en esa época, en el año 1871, que la ciudad de Chicago quedó reducida a cenizas debido a un pavoroso incendio.

En la misma noche en que se inició aquel pavoroso incendio, Moody había predicado sobre este tema: "¿Qué, pues, haré de Jesús, llamado el Cristo?" Al concluir su sermón, le dijo al auditorio, el mayor al cual había predicado en Chicago: "Quiero que llevéis este texto a casa y lo meditéis bien durante la semana, y el domingo próximo iremos al Calvario y a la cruz, y resolveremos lo que haremos de Jesus de Nazaret."

"¡Cómo me equivoqué!" dijo Moody después. "No me atrevo más nunca a conceder una semana de plazo al perdido para que decida sobre su salvación. Si se pierden, serán capaces de levantarse contra mí el día del juicio. Recuerdo bien cómo cantó Sankey y cómo sonó su voz cuando llegó a la estrofa del llamado: 'El Salvador llama para el refugio; Rompe la tempestad y pronto viene la muerte.'

"Nunca más volví a ver a aquel auditorio. Aún hoy deseo llorar... Prefiero tener mi mano derecha amputada, antes que conceder al auditorio una semana para decidir qué hará de Jesús. Muchos me censuraron diciendo: 'Moody, usted quiere que el pueblo se decida inmediatamente. ¿Por qué no les da tiempo para que lo consideren?'

"He pedido a Dios muchas veces que me perdone por haber dicho aquella noche que podían pasar ocho días considerando el asunto, y si El me conserva la vida, no lo volveré a hacer."

El gran incendio rugió y amenazó durante cuatro días. Consumió *Farwell Hall,* el templo de Moody, y su propia residencia. Los miembros de la iglesia fueron todos dispersos. Moody reconoció que la mano de Dios lo había castigado para enseñarle, y eso se volvió para él un motivo de grande regocijo.

Fue a Nueva York a fin de conseguir dinero para los damnificados del gran siniestro. Acerca de lo que pasó allí, él escribió lo siguiente: "Yo no sentía en mi corazón ningún deseo de solicitar ese dinero. Todo el tiempo yo clamaba a Dios pidiendo que me llenase de su Espíritu Santo. Entonces, cierto día, en la ciudad de Nueva York — ¡qué día!— No puedo describirlo, ni quiero hablar del asunto; fue una experiencia casi demasiado sagrada como para ser mencionada.

"El apóstol Pablo tuvo una experiencia acerca de la cual no habló durante catorce años. Sólo puedo decir que Dios se me reveló y tuve una experiencia tan grande de su amor, que tuve que rogarle que retirase de mí su mano. Volví a predicar. Mis sermones no eran diferentes; yo no presentaba otras verdades; sin embargo, centenares de personas se convertían. ¡No quiero volver a vivir de nuevo como viví otrora, aun cuando pudiese poseer el mundo entero!"

Acerca de esa experiencia, uno de sus biógrafos añadió: "El Moody que andaba por la calle parecía otro. El nunca había bebido mosto, pero ahora conocía la diferencia entre el júbilo que Dios da y el falso júbilo de Satanás. Cuando caminaba, le parecía que un pie le decía al otro: 'Gloria', y el otro respondía: 'Aleluya'. El predicador rompió en sollozos, balbuceando: '¡Oh Dios, constríñeme a andar cerca de ti hoy y siempre.'"

Sobre el mismo acontecimiento otro escribió lo siguiente: "El fruto de su predicación había sido pequeño. Con espíritu angustiado, él andaba de noche por las calles de la gran ciudad, orando: '¡Oh Dios, úngeme con tu Espíritu!' Dios lo oyó y le concedió allí mismo, en la calle, aquello por lo cual oraba. No se puede explicar con palabras ese resultado. Su vida anterior era como si tratase de sacar agua de un pozo que parecía seco. Hacía funcionar la bomba con todas sus fuerzas, pero sacaba muy poca agua... Ahora Dios hizo que su alma fuese como un pozo artesiano, donde nunca falta agua. Así llegó a comprender qué significan las palabras: 'El agua que yo le daré será en él una fuente de agua que salte para vida eterna.'"

El Señor proporcionó a Moody el dinero que necesitaba para construir un edificio provisional, para celebrar los cultos, allí en Chicago. Ese edificio era de madera rústica, forrado con un papel muy grueso para evitar que pasara el frío; el techo era sustentado por hileras de estacas colocadas en el centro. En ese templo provisional se celebraron los cultos durante cerca de tres años, en medio de un desierto de cenizas. La mayor parte del trabajo de construcción se hizo con la ayuda de los miembros de la iglesia, que vivían en chozas o en lugares excavados entre los escombros. ¡Al primer culto asistieron más de mil niños con sus respectivos padres!

Ese templo provisional sirvió también de vivienda para Moody y para Sankey, su evangelista-cantor; eran tan pobres como todos los que vivían a su alrededor, pero tan llenos de esperanza y de gozo, que lograron llevar a muchos a hacerse ricos, a pesar de no poseer nada. Oleada tras oleada de avivamiento tuvo lugar entre la gente. Los cultos continuaron día y noche, casi sin cesar, durante algunos meses. Multitudes lloraban sus pecados, a veces el día entero, y al día siguiente, perdonados, clamaban y alababan con gratitud a Dios. Hombres y mujeres hasta entonces desanimados participaban del gozo desbordante de

Moody, transformado por el bautismo del Espíritu Santo.

Poco después de haber construido el templo permanente (con asientos para dos mil personas — ¡y sin haber contraído ninguna deuda!), Moody hizo su segundo viaje a Inglaterra. En sus primeros cultos en ese país, encontró frialdad en las iglesias, las cuales tenían poca asistencia y la gente no tenía ningún interés en sus mensajes. Pero la unción del Espíritu Santo que Moody recibió en las calles de Nueva York, todavía permanecía en su alma y Dios lo usó como su instrumento para un avivamiento mundial.

A Moody no le gustaba usar métodos sensacionales, sino que empleó siempre los mismos métodos humildes hasta el fin de su vida; el sermón dirigido directamente a sus oyentes; la aplicación práctica del mensaje del evangelio a la necesidad individual; solos cantados bajo la unción del Espíritu; la invitación para que el perdido aceptase a Cristo y se entregase a El inmediatamente; una sala contigua adonde llevaba a los que tenían "dificultades" para aceptar a Cristo; la obra de seguimiento que los creyentes hacían después entre los "interesados" y los recién convertidos; y diariamente una hora de oración al medio día y cultos que duraban el día entero.

El propio Moody dijo lo siguiente: "Si estamos llenos del Espíritu y de poder, un día de servicio vale más que un año de servicio sin ese poder." Otra vez añadió: "Si estamos llenos del Espíritu, ungidos, nuestras palabras llegarán a penetrar el corazón de la gente."

En Inglaterra, las ciudades de York, Sunderland, Bishop, Auckland, Carlisle y Newcastle fueron vivificadas como en los días de Whitefield y Wesley. En Edimburgo, Escocia, los cultos se celebraron en el mayor edificio y "la ciudad entera fue conmovida".

En Glasgow, la obra comenzó con una reunión de maestros de Escuela Dominical, a la cual asistieron más de tres mil personas. El culto de la noche fue anunciado para las seis y media, pero mucho antes de la hora anunciada, el gran edificio ya estaba repleto, y la multitud que no pudo entrar, fue llevada a las cuatro iglesias más próximas. Esa serie de cultos transformó radicalmente la vida diaria del pueblo. En la última noche Sankey cantó para 7.000 personas que estaban dentro del edificio, y Moody, que estaba del lado de afuera, sin poder entrar, se subió a un carruaje y predicó a 20.000 personas que se hallaban congregadas del lado de afuera. El coro dirigió los himnos desde encima de un galpón. En un solo culto más de 2.000 personas respondieron al llamado para entregarse definitivamente a Cristo.

Durante el verano predicó en Aberdeen, Montrose, Brechin, Forfar, Huntley, Inverness, Arbroath, Fairn, Nairn, Elgin, Ferres, Grantown, Keith, Rothesay y Campbeltown; muchos millares de personas asistieron a todos esos cultos.

En Irlanda, Moody predicó en mayores centros, obteniendo los mismos resultados que había tenido en Inglaterra y Escocia. Los cultos en Belfast continuaron durante cuarenta días. El último culto fue reservado para los recién convertidos, que sólo podían tener ingreso mediante un pase concedido gratuitamente. Asistieron 2300 personas. Belfast había sido el centro de varios avivamientos, pero todos están de acuerdo en que nunca había habido un avivamiento antes que ése, de resultados tan permanentes.

Después de la campaña en Irlanda, Moody y Sankey volvieron a Inglaterra y dirigieron cultos inolvidables en Shefield, Manchester, Birmingham y Liverpool. Durante muchos meses los mayores edificios de esas ciudades quedaban repletos de multitudes deseosas de oír la presentación clara y osada del evangelio, hecha por un hombre libre de todo interés y ostentación. El poder del Espíritu se manifestó en todos los cultos, produciendo resultados que permanecen hasta hoy.

El itinerario seguido por Moody y Sankey en Europa, acabó después de cuatro meses de cultos en Londres. Moody predicaba alternativamente en cuatro centros. Las siguientes cifras nos sirven para comprender algo de la grandeza de esa obra realizada durante los cuatro meses: Se celebraron 60 cultos en el *Agricultural Hall,* a los cuales asistió un total de 720.000 personas; en *Bow Road Hall,* 60 cultos, a los cuales asistieron 600.000 personas; en *Camberwell Hall,* 60 cultos, con una asistencia de 480.000 personas; *Haymarket Opera House,* 60 cultos, con una asistencia de 330.000 personas; *Victoria Hall,* 45 cultos, con una asistencia de 400.000 personas.

Qué glorioso es poder añadir aquí lo siguiente: "Las diferencias que existen entre las denominaciones, casi desaparecieron. Predicadores de todas las iglesias cooperaban en una plataforma común — la salvación de los perdidos. Se abrieron de nuevo las Biblias y hubo un gran interés en el estudio de la Palabra de Dios."

Cuando Moody salió de los Estados Unidos en 1873, se le conocía sólo en algunos estados de la Unión, y era conocido solamente como obrero de la Escuela Dominical y de la Asociación Cristiana de Jóvenes. Pero cuando regresó de la campaña efectuada en Inglaterra en 1875, era conocido como el más famoso predicador del mundo. No obstante, él continuó siendo el mismo humilde siervo de Dios. Fue así cómo una persona que lo conocía íntimamente, describió su personalidad: "Creo que él era la persona más humilde que yo haya conocido jamás. . . El nunca fingió humildad. En lo más íntimo de su corazón se rebajaba a sí mismo y engrandecía a los demás. Destacaba a otros hombres y, si era posible, se las arreglaba para que ellos predicasen... hacía todo lo posible para permanecer ignorado."

Al regresar nuevamente a los Estados Unidos, Moody recibió muchas invitaciones para predicar, de todas partes de la nación. Su primera campaña (efectuada en Brooklyn) fue un modelo para todas las demás. Las denominaciones cooperaron; arrendaron un local que tenía capacidad para 3.000 personas. El resultado fue una grande y permanente obra.

Durante un período de veinte años, dirigió campañas con grandes resultados en las mayores ciudades de los Estados Unidos, el Canadá y México. En diversos lugares las campañas duraron seis meses. En todos los lugares Moody proclamaba clara y prácticamente el mensaje del evangelio.

Durante sus campañas hubo ocasiones que fueron realmente dramáticas. En Chicago, por ejemplo, el Circo *Forepaugh,* que tenía una tienda de lona con asientos para 10.000 personas y espacio para otras 10.000 en pie, anunció representaciones para dos domingos. Moody arrendó la tienda para los cultos de la mañana; lo que les causó gracia a los dueños de la tienda. Pero en el primer culto la tienda quedó completamente llena. Luego, por la tarde, fueron tan pocos los que asistieron a las representaciones del Circo, que los dueños resolvieron no efectuar las representaciones el segundo domingo. Sin embargo, el culto se celebró el segundo domingo bajo la lona, con un calor tan grande que daba la impresión de que iban a morir todos los asistentes. No obstante, 18.000 personas quedaron de pie, bañadas en sudor y sin hacer caso del calor. En el silencio que reinaba mientras Moody predicaba, el poder descendió y centenares de personas fueron salvas. Acerca de uno de esos cultos, cierto asistente dijo:

"Jamás olvidaré cierto sermón que Moody predicó. Fue en el Circo *Forepaugh* durante la Exposición Mundial. Se encontraban presentes en el recinto 17.000 personas, pertenecientes a todas las clases sociales. El texto del sermón fue: 'Porque el Hijo del Hombre vino a buscar y a salvar lo que se había perdido.' Grandiosa era la unción del predicador; parecía que estaba en íntimo contacto con todos los corazones de aquella masa de gente. Moody dijo repetidamente: 'Porque el Hijo del Hombre vino — vino hoy al Circo *Forepaugh* — a buscar y a salvar lo que se había perdido.' Escrito e impreso, esto parece un sermón común, pero sus palabras, por la santa unción que le sobrevino, se convirtieron en palabras de espíritu y de vida."

Durante la Exposición Mundial, el día designado en honor de la ciudad de Chicago, todos los teatros de la ciudad cerraron porque se esperaba que todo el mundo fuese a la Exposición, que quedaba a seis kilómetros de distancia. Sin embargo, Moody alquiló el *Central Music Hall*, y R. A. Torrey testificó que la asistencia era tan grande, que él solamente logró entrar por una ventana del fondo del edificio. Los cultos de Moody continuaron siendo tan concurridos, que la Exposición Mundial tuvo que dejar de abrir sus puertas los domingos por falta de público.

Enrique Moorehouse, predicador escocés, da la siguiente opinión acerca de los discursos de Moody:

"El cree firmemente que el evangelio salva a los pecadores, cuando ellos creen y confían en la sencilla historia del Salvador crucificado y resucitado.

"Espera la salvación de almas, cuando predica.

"Predica como si nunca más hubiese de realizarse otro culto y como si los pecadores nunca más tuviesen la oportunidad de oír el evangelio. Sus llamados a tomar una decisión *ahora mismo,* son conmovedores.

"Consigue llevar a los creyentes a trabajar con los interesados después del sermón. Insiste en que pregunten a los que están sentados al lado si son salvos o no. Todo en su obra es muy sencillo, y aconsejo a los obreros de la cosecha del Señor que aprendan de nuestro amado hermano algunas de las lecciones preciosas sobre la obra de ganar almas."

El doctor Dale dijo: "Acerca del poder de Moody, creo que es muy difícil hablar. Es tan real y al mismo tiempo tan diferente del poder de los demás predicadores, que no sé cómo describirlo. Su realidad es innegable. Un hombre que puede cautivar el interés de un auditorio de tres a seis mil personas durante media hora en la mañana, durante cuarenta minutos, de nuevo, al mediodía, y que puede captar el interés de un tercer auditorio de trece a quince mil personas durante cuarenta minutos por la noche, debe tener por cierto un poder extraordinario."

Acerca de ese poder maravilloso, Torrey afirmó: "Varias veces he oído decir a diversas personas lo siguiente: 'Viajamos grandes distancias para ver y oír a D. L. Moody, quien, en efecto, era un predicador maravilloso.' Sí, él era, en verdad, un maravilloso predicador; considerándolo todo, el más maravilloso que yo haya oído jamás; era un gran privilegio oírlo predicar, como sólo él sabía hacerlo. Con todo, habiéndolo conocido íntimamente, quiero testificar que Moody era más grande como *intercesor* que como predicador. Al enfrentar obstáculos aparentemente invencibles, él sabía vencer todas las dificultades. Sabía, y creía desde lo más profundo de su alma, que no había nada demasiadamente difícil que Dios no pudiese hacer, y que la oración podía conseguir todo lo que Dios pudiese realizar."

Cierto día, durante su gran campaña efectuada en Londres, Moody estaba predicando en un teatro repleto de personas pertenecientes a la alta sociedad, y entre ellas había un miembro de la familia real. Moody se levantó y leyó Lucas 4:27: "Y muchos leprosos había en Israel en tiempo del profeta Eliseo. . ." Al encontrar la palabra "Eliseo", no la podía pronunciar bien y comenzó a gaguear y a balbucear. Comenzó a leer de nuevo el versículo, pero al llegar a la palabra "Eliseo" no podía seguir adelante. Probó por tercera vez y falló por la tercera vez. Entonces cerró el Libro y muy conmovido miró para arriba, diciendo: "¡Oh Dios! Usa esta lengua de gago para proclamar a Cristo crucificado a esta gente." Descendió sobre él el poder de Dios y entonces su alma se derramó en un torrente tal de palabras, que el auditorio entero quedó como derretido por el fuego divino.

Fue durante esa segunda visita a las Islas Británicas, que realizó su obra entre los hombres de las dos célebres universidades, Oxford y Cambridge. Es una historia muchas veces repetida de cómo él, un individuo sin instrucción, pero con diplomacia y sentido común, venció la censura e hizo entre los intelectuales lo que algunos consideran la mayor obra de su vida.

A pesar de que Moody no tuvo una instrucción académica, reconocía el gran valor de la educación y siempre aconsejaba a los jóvenes que se preparasen para manejar bien la Palabra de Dios. Reconocía la gran ventaja de la instrucción para aquellos que también predican en el poder del Espíritu Santo. Todavía existen tres grandes monumentos referentes a sus convicciones en ese punto — las tres escuelas que él fundó: (1) El Instituto Bíblico de Chicago, con 38 edificios y 16.000 alumnos matriculados en las aulas diurnas, nocturnas y en los cursos por correspondencia. (2) El Seminario Northfield, con 490 alumnos. (3) La Escuela de Monte Hermón, con 500 alumnos.

Sin embargo, no nos engañemos como se engañaron algunos de esos alumnos, y algunos de nosotros mismos, pensando que el gran poder de Moody era más intelectual que espiritual. Sobre este punto él mismo hablaba con énfasis. Para mayor claridad de lo antes expuesto, citamos lo siguiente, tomado de sus "Breves charlas": "No conozco nada más importante que precise América, que hombres y mujeres inflamados con el fuego del cielo; nunca he encontrado a un hombre o a una mujer inflamados con el Espíritu de Dios que fracasasen. Creo que, realmente, eso es imposible; tales personas nunca se sienten desanimadas. Avanzan más y más, y se animan más y más. Amados míos, si no habéis obtenido esa iluminación, tratad de adquirirla orando: '¡Oh Dios, ilumíname con tu Espíritu Santo!' "

En lo que R. A. Torrey escribió, queda aparente el espíritu de esas escuelas que Moody fundó: "Moody acostumbraba escribirme antes de iniciar una nueva campaña, diciendo: 'Pretendo iniciar el trabajo en tal lugar y en tal día; le pido que convoque a los estudiantes para un día de ayuno y oración.' Yo leía esas cartas a los estudiantes y les decía: 'Moody desea que tengamos un día de ayuno y oración para pedir, primeramente, las bendiciones divinas sobre nuestras propias almas y sobre nuestro trabajo, y después, sobre él y su trabajo.' Muchas veces nos quedábamos allí en la sala de clases hasta altas horas de la noche — o aun hasta la madrugada — clamando a Dios, porque Moody nos exhortaba que orásemos hasta que recibiésemos la bendición. ¡Cuántos hombres y mujeres he conocido, que experimentaron una verdadera transformación en su vida y en su carácter por aquellas noches de oración, y cuántos han conseguido grandes cosas, en muchas partes, como resultado de aquellas horas empleadas en las súplicas a Dios!

"Hasta el día de mi muerte no podré olvidarme del 8 de julio de 1894. Era el último día de la Asamblea de los Estudiantes de Northfield... A las tres de la tarde nos reunimos frente a la casa de la progenitora de Moody... Había 456 personas en nuestra compañía... Después de andar durante algunos minutos, Moody opinó que podíamos parar. Nos sentamos en los troncos de árboles caídos, en las rocas, o en el suelo. Moody entonces nos permitió hablar, a fin de que cualquier estudiante pudiese expresarse. Unos 75 de ellos, uno después de otro, se levantaron diciendo: 'Yo no pude esperar hasta las tres de la tarde, sino que he estado solo con Dios desde el culto de la mañana, y creo que puedo decir que he recibido el bautismo del Espíritu Santo' Al oír el testimonio de esos jóvenes, Moody sugirió lo siguiente: 'Muchachos, ¿por qué no nos arrodillamos, ahora, aquí mismo, y pedimos que Dios manifieste en nosotros el poder de su Espíritu de un modo especial, como lo hizo con los apóstoles el día de Pentecostés?' Y allí, en la montaña, oramos.

"En la subida habíamos observado cómo se iban acumulando densos nubarrones en el cielo; en el momento en que empezamos a orar, la lluvia comenzó a caer sobre los altos pinos y sobre nosotros. Pero había otra clase de nube que hacía diez días que se estaba acumulando sobre la ciudad de Northfield — una nube llena de la misericordia, de la gracia y del poder divino — de manera que en aquella hora pareció que nuestras oraciones habían perforado esas nubes y que estaba descendiendo sobre nosotros con gran poder, la virtud del Espíritu Santo. ¡Hombres y mujeres! eso es lo que todos nosotros necesitamos — *el Bautismo en el Espíritu Santo.*"

Que el propio Moody era un estudiante incansable, se demuestra en lo siguiente: "Todos los días de su vida, hasta el fin, según creo, se levantaba muy temprano de mañana para meditar en la Palabra de Dios. Acostumbraba dejar su cama a las cuatro de la mañana, más o menos, para estudiar la Biblia. Un día él me dijo: 'Para estudiar, yo necesito levantarme antes que nadie se despierte en casa.' Se encerraba en un cuarto apartado del resto de la familia, solito con su Biblia y con su Dios.

"Se puede *hablar* en poder, y sin embargo, ¡ay del hombre que descuide el único Libro dado por Dios, que sirve de instrumento, por medio del cual El da y ejerce su poder! Un hombre puede leer muchísimos libros y asistir a grandes convenciones; puede promover reuniones de oración que duren noches enteras, suplicando el poder del Espíritu Santo, pero si tal hombre no permanece en contacto íntimo y constante con el único Libro, la Biblia, no le será concedido el poder. Si ya tiene alguna fuerza, no podrá mantenerla, sino mediante el estudio diario, serio e intenso de aquel Libro."

Todas las cosas en el mundo tienen que acabar; y así, llegó también el tiempo para que el ministerio de D. L. Moody acabase aquí en la tierra. El 16 de noviembre de 1899, en medio de la campaña que efectuaba en Kansas City, donde tenía auditorios de hasta 15.000 personas, predicó su último sermón. Es probable que él supiese que ése sería su último sermón; lo cierto es que su llamado para salvación estuvo ungido con poder de lo alto, y centenares de almas fueron ganadas para Cristo.

Para todo el país, el viernes, 22 de diciembre de

1899, fue el día más corto del año, pero para D. L. Moody, ese día que amaneció, fue el comienzo del día que para él nunca acabará. A las seis de la mañana durmió un sueño ligero. Luego sus seres queridos lo oyeron decir en voz muy clara: "Si esto es la muerte, no hay ningún valle. Esto es glorioso. ¡Atravesé el umbral y vi a los niños! (Dos de sus nietos ya fallecidos.) La tierra se queda atrás; el cielo se abre delante de mí. ¡Dios me está llamando!" Entonces se viró hacia su esposa, a quien él quería más que a nadie, con excepción de Cristo, y le dijo: "Tú has sido para mí una *buena* esposa."

En el sencillo culto fúnebre, Torrey, Scofield, Sankey y otros hablaron a la gran multitud que asistió conmovida. Después el ataúd fue llevado por los alumnos de la Escuela Bíblica de Monte Hermón hasta un lugar alto que quedaba próximo, llamado "Round Top". Y allí lo sepultaron.

Tres años más tarde la fiel sierva de Dios, Ema Moody su esposa, también durmió en Cristo, y fue enterrada a su lado, en el mismo lugar, hasta el glorioso día de la resurrección.

Contemplemos de nuevo por un momento, la vida extraordinaria de este gran conquistador de almas. Cuando el joven Moody lloraba, quebrantado bajo el poder de lo alto, en la predicación del joven Spurgeon, fue inspirado a exclamar: "¡Si Dios puede usar a Spurgeon, El puede usarme a mí también!"

La biografía de Moody es la historia de cómo él vivía completamente sometido a Dios para ese fin. R. A. Torrey dijo: "El primer factor por cuyo motivo Moody fue un instrumento tan útil en las manos de Dios, es que era un hombre enteramente sometido a la voluntad divina. Cada gramo de aquel cuerpo de 127 kilos pertenecía al Señor; todo lo que él era y todo lo que tenía pertenecían enteramente a Dios... Si nosotros, usted y yo, queremos ser usados por Dios, tenemos que someternos a El absolutamente y sin reserva." Estimado lector, decídase ahora, con la misma determinación y mediante el auxilio divino: "Si Dios pudo usar a Dwight Lyman Moody, El puede usarme a mí también." ¡Que así sea!

JONATAN GOFORTH
"Con mi Espíritu"
1859-1936

Cierto día del año 1900, en Changte, en el interior de la China, pasó un correo galopando velozmente. Llevaba un despacho de la emperatriz al gobernador, ordenándole que tomase medidas para exterminar, inmediatamente, a todos los extranjeros. En aquella horrible masacre que siguió, Jonatán Goforth, su esposa e hijos pequeños, fueron cercados por millares de *bóxers*, determinados a quitarles la vida.

El padre de familia, al caer al suelo, víctima de un tremendo golpe que casi le partió el cráneo, oyó una voz que le decía: "¡No temas! ¡Tus hermanos están orando por ti!" Antes de quedar inconsciente, vio que llegaba a galope un caballo que amenazaba atropellarlo. Al volver en sí, vio que el caballo había caído a su lado, pataleando de tal manera que sus atacantes fueron obligados a desistir del propósito de matarlo.

Así, pues, el misionero reconoció que la mano de Dios lo protegió maravillosa y constantemente todo el tiempo de la masacre de los *bóxers*, en la cual centenares de creyentes fueron muertos. Jonatán Goforth y su familia se salvaron de las innúmeras situaciones angustiosas que pasaron entre el pueblo amotinado, hasta que por fin, veinte días después, llegaron al litoral del país.

Rosalind y Jonatán Goforth vivían su vida escondidos con Cristo en Dios. He aquí, en sus propias palabras, cómo vivían: "No es solamente necedad aceptar para nosotros la gloria que pertenece a Dios, sino que además es un grave pecado, porque el Señor dijo: "A otro no daré mi gloria."

Siendo aún joven, Jonatán Goforth adoptó las palabras de Zacarías 4:6 como lema de su vida: "No con ejército, ni con fuerza, sino con mi Espíritu, ha dicho Jehová de los ejércitos."

Alguien que lo conocía íntimamente, escribió lo siguiente: "Ante todo Jonatán Goforth era un conquistador de almas. Fue por esa razón que se hizo misionero en el extranjero; no había otro interés, otra actividad ni otro ministerio que lo atrajese... Con el fuego del amor de Dios en su corazón, él manifestaba un entusiasmo irresistible y una energía incansable. Nada podía impedir sus esfuerzos dinámicos en la obra, para la cual Dios lo había llamado. Era así tanto a los 77 años de edad, como cuando tenía 57. Con la pérdida de la vista durante los últimos tres años de su vida, no disminuyeron sus bríos — al contrario, parece que aumentaron."

Sus propias palabras nos revelan cómo fueron echados los cimientos de su vida, constantemente esforzada al servicio del Señor: "Mi madre, cuando mis hermanos y yo éramos todavía pequeños, nos enseñaba con un desvelo incesante las Escrituras y oraba con nosotros. Una cosa que tuvo una gran influencia sobre mi vida, fue el hecho de que mi madre me pidiese que le leyera los Salmos en voz alta. Yo tenía apenas cinco años cuando comencé a hacer ese ejercicio y encontré su lectura fácil. Con la práctica adquirí la costumbre de memorizar las Escrituras, cosa que continué haciendo con gran provecho."

Todos podríamos decir que es muy fácil que la lectura de las Escrituras y la oración degeneren en una monótona formalidad. Pero, al contrario, el semblante de Jonatán Goforth, se iluminaba con el reflejo de la gloria de las Escrituras que recibía en su alma. Después de su muerte, una criada católica romana declaró lo siguiente: "Cuando el señor Goforth se hospedaba en la casa donde trabajo, yo le miraba el rostro y me preguntaba a mí misma: ¿Será así el rostro de Dios?"

Acerca de la conversión de su padre, Jonatán escribió lo siguiente: "En la época de mi conversión, yo estaba viviendo con mi hermano Guillermo. Cierta vez nuestros padres fueron a visitarnos y se quedaron con nosotros más o menos un mes. Hacía tiempo que el Señor me había guiado a realizar cultos domésticos. Así pues, un día anuncié: 'Celebraremos un culto doméstico hoy, y pido a todos que se reúnan después de la comida.' Yo esperaba que mi padre se manifestase contrario a la idea, porque en su casa no habíamos acostumbrado dar gracias a Dios antes de las comidas, ¡cuánto más celebrar un culto doméstico! Leí un capítulo de Isaías, y después de hablar algunas palabras, oramos juntos, de rodillas. Continuamos celebrando los cultos domésticos durante todo el tiempo que me encontraba en casa. Después de algunos meses, mi padre fue salvo."

Cuando el joven Goforth realizaba sus estudios secundarios en el gimnasio, su ambición era llegar a ser abogado, hasta que, cierto día, leyó la inspiradora biografía del predicador Roberto McCheyne. No solamente se desvanecieron para siempre todas sus ambiciones, sino que él también dedicó toda su vida a llevar almas al Salvador. En ese tiempo, el joven "devoró" los siguientes libros: "Los discursos de Spurgeon"; "Los mejores sermones de Spurgeon";

"La gracia abundante" (Bunyan) y "El descanso de los santos" (Baxter). Por supuesto, la Biblia era su libro predilecto y acostumbraba levantarse dos horas más temprano para estudiar las Escrituras, antes de ocuparse en cualquier otro servicio del día.

Acerca del llamado que recibió de Dios en ese tiempo, él escribió lo siguiente: "A pesar de sentirme dirigido hacia el ministerio de la Palabra, me negaba terminantemente a ser un misionero en el extranjero. Pero un colega me invitó a asistir a una reunión de un misionero, el cual hizo el siguiente llamado: 'Desde hace dos años voy pasando de ciudad en ciudad, contando la situación de Formosa y rogando que algún joven se ofrezca para auxiliarme. Pero parece que no he logrado trasmitir la visión a ninguno. Así pues, regreso solo. Dentro de poco tiempo mis huesos se estarán blanqueando en la ladera de algún cerro en Formosa. Se me oprime el corazón al saber que ningún joven se siente llamado a continuar el trabajo que yo inicié.'

"Al oír esas palabras, me sentí sumamente avergonzado. Si la tierra me hubiese tragado, habría sido para mí un alivio. Yo que había sido comprado con la preciosa sangre de Cristo, osaba planear mi vida de acuerdo con mi voluntad únicamente. Oí entonces la voz del Señor que me decía: '¿A quién enviaré, y quién irá por nosotros?' Y respondí: 'Heme aquí, envíame a mí' Desde entonces soy misionero. Leía ávidamente todo lo que podía encontrar acerca de las misiones en el extranjero y me esforzaba por trasmitir a los demás la visión que yo había alcanzado — la visión de los millones de seres humanos que no han tenido la oportunidad de escuchar a un predicador."

Por fin, llegó el tiempo de iniciar sus estudios en Toronto. El primer domingo él lo pasó trabajando entre los presos de la prisión "Don", una costumbre que continuó durante todos los años de sus estudios en esa ciudad. Durante la semana, él dedicaba mucho tiempo a ir de casa en casa ganando almas para Cristo. Cuando el director del colegio donde estudiaba, le preguntó cuántas casas había visitado durante los meses de junio a agosto, él respondió: "Novecientas sesenta."

Fue en aquel tiempo de estudiante que Jonatán Goforth se casó con Rosalind Bell-Smith. Acerca de ese acontecimiento, ella escribió lo siguiente: "Desde los veinte años de edad, comencé a orar pidiéndole al Señor que si El deseaba que yo me casara, que me dirigiese a un joven enteramente dedicado a El y a su servicio... Cierto domingo yo estaba presente en una reunión de obreros de la *Toronto Mission Union*. Un poco antes de comenzar la reunión, alguien llamó desde la puerta a Jonatán Goforth. Cuando él se levantó para ir afuera, dejó la Biblia sobre la silla. Entonces hice algo que nunca me he podido explicar, ni he hallado disculpas para ello; me sentí impelida a ir hasta la silla de él, tomé la Biblia y volví a mi silla. Al hojear rápidamente el libro, me di cuenta de que estaba muy gastado por el uso, y lo coloqué de nuevo en la silla de su dueño. Todo eso sucedió en un intervalo de pocos segundos. Allí mismo sentada en el culto me dije a mí misma: 'Ese es el joven con quien sería bueno que yo me casara.' "

La joven continuó diciendo: "Ese mismo día fui designada, juntamente con otras, para abrir un punto de predicación en otra parte de Toronto. Jonatán Goforth estaba también incluido en ese grupo. Durante las semanas siguientes tuve muchas oportunidades de ver la verdadera grandeza de ese hombre, la que ni su exterior despreciable podía esconder. Así, cuando él me preguntó: '¿Quieres unir tu vida a la mía para irnos a la China?' yo, sin vacilar un solo momento, le respondí: 'Quiero.' Pero algunos días más tarde fue muy grande mi sorpresa cuando él me preguntó: '¿Me prometes que nunca me vas a impedir que coloque al Señor y a su obra en primer lugar, aun antes que tú?' Esa era la misma clase de joven que yo había pedido en oración, para que Dios me lo diese como marido, y firmemente le respondí: 'Prometo hacerlo siempre.' (¡Oh, cuán benigno fue el Maestro, al ocultarme lo que esa promesa significaba!)

"Pocos días después de haberle prometido lo que me pidió, vino la primera prueba. Yo siempre había soñado (como mujer que era) con el bonito anillo de casamiento que iba a recibir. Fue entonces cuando Jonatán me dijo: '¿Te disgustaría si no te compro un anillo?' Inmediatamente me explicó, con gran entusiasmo, cómo se esforzaba en la distribución de libros y folletos sobre el trabajo que se realizaba en la China. Quería economizar todo lo que le era posible para esa importante obra. Al oírlo y después de contemplar la luz de su rostro, las visiones de un anillo bonito se desvanecieron. Era mi primera lección sobre los verdaderos valores."

El 19 de enero de 1888, centenares de creyentes se congregaron en la estación de Toronto para darle la despedida al matrimonio Goforth que se iba a trabajar en la obra de Dios en la China. Antes de que partiera el tren, todos bajaron la cabeza en oración y, al partir el tren, la gran multitud cantaba: "Adelante, soldados de Cristo." Y una vez que estuvieron fuera de la estación, la pareja que iba en el tren rogaba a Dios que los guardase para vivir eternamente dignos de la gran confianza que esos hermanos habían depositado en ellos.

Poco después de haber llegado a la China, Hudson Taylor les escribió: "Hace diez años que nuestra misión se esfuerza por entrar al sur de la provincia de

Honán y solamente ahora es que lo hemos conseguido... Hermano, si usted quiere entrar en esa provincia, debe *avanzar de rodillas*." Pero, si la Misión del Interior de la China, que tenía misioneros y auxiliares experimentados en la lengua y en las costumbres del pueblo, había fracasado durante diez años en esa provincia, ¡¿cómo podía entrar él, un joven sin experiencia y sin conocer la lengua?! Las palabras de Hudson Taylor, *"avanzar de rodillas"*, se convirtieron en el lema de la misión de Goforth para entrar al sur de Honán.

A Jonatán Goforth le llevó más tiempo aprender la lengua, que a su compañero que llegó un año después que él. Cierto día, al salir a predicar, muy desesperanzado le dijo a su esposa: "¡Si el Señor no obra un milagro para que yo aprenda esta lengua, seré un gran fracaso como misionero!" Dos horas después volvió diciendo: "¡Oh, Rosa! ¡Qué maravilla! Al comenzar a predicar, las palabras y las frases se me volvieron tan fáciles que la gente me comprendió bien." Dos meses después recibieron una carta de los estudiantes del colegio Knox, de Toronto, en la que relataban cómo cierto día y a cierta hora ellos se reunieron para orar por ellos — "solamente por los Goforth" — y cómo quedaron convencidos de que ellos fueron bendecidos por Dios, porque sintieron tanto la presencia y el poder de Dios en su oración. Goforth, al abrir su diario, descubrió que fue ese mismo día y a esa misma hora que Dios le dio la habilidad de hablar con toda facilidad. Algunos años después cierto compatriota suyo, que hablaba bien el chino, le dijo acerca de su estilo de hablar: "Se le comprende muy bien a usted cuando habla, mucho mejor que a cualquier otra persona que yo conozca."

Un veterano misionero le dio el siguiente consejo a Goforth: "Los chinos tienen tantos prejuicios sobre el nombre de Jesús, que usted debe esforzarse primero por demoler los dioses falsos, y sólo después debe mencionar el nombre de Jesús, si tiene la oportunidad de hacerlo." Al contar esto a su esposa, Goforth exclamó indignado: "¡Nunca! *¡Nunca!* ¡NUNCA!" Y en ningún momento él se levantó para predicar, sin tener la Biblia abierta en la mano.

Cuando años más tarde, los misioneros novatos le preguntaron el secreto del fruto extraordinario de su ministerio, él respondió: "Dejo que Dios hable a las almas de los oyentes por intermedio de su propia Palabra. Mi único secreto para tocar el corazón de los más viles pecadores, es mostrarles su propia necesidad y predicarles al poderoso Salvador que los puede salvar... Ese era el secreto de Lutero, era el secreto de Juan Wesley, y nadie se aprovechó más de ese secreto que D.L. Moody." Para manejar la "Espada del Espíritu" con gran habilidad, Goforth la "afilaba" estudiándola diariamente, sin fallar. En vez de hablar contra los ídolos, él exaltaba a Cristo crucificado, que atraía a los pecadores y los convencía a que dejasen sus vanidades.

En 1896 él escribió: "Después de llegar a Changte, hace cinco meses, el poder del Espíritu Santo se ha estado manifestando casi diariamente para regocijo nuestro. Durante todos estos meses un total de más de 25.000 hombres y mujeres nos han visitado en nuestra casa, y todos nos han oído predicar el evangelio. Predicamos, como promedio, unas ocho horas al día. Hay a veces más de 50 mujeres reunidas en la terraza (él predicaba a los hombres, mientras que su esposa predicaba a las mujeres)... Casi todas las veces que exaltamos a Cristo como nuestro Redentor y Salvador, el Espíritu Santo convierte a alguno y, a veces, a diez o a veinte."

Sin embargo, no debemos pensar que estos misioneros escaparon de grandes tribulaciones. Poco después de haber llegado ellos a la China, un incendio destruyó todas sus posesiones terrenales. El calor del verano era tan intenso que su primogénita, Gertrudis, falleció y fue necesario llevar el cadáver a una distancia de 75 kilómetros, a un lugar donde se permitía enterrar a los extranjeros. Cuando falleció otro hijito, Donald, fue necesario hacer la misma larga peregrinación de 75 kilómetros con los restos mortales. Después de haber pasado doce años en la China, nuevamente perdieron todo cuanto tenían en la casa, porque las aguas de una inundación subieron a la altura de dos metros dentro de la casa.

En 1900, poco después de que otra hija, Florencia, se les muriera de meningitis, vino la insurrección de los *bóxers* — a la cual nos referimos al comienzo de la presente biografía. Durante el levantamiento de los *bóxers*, muchos centenares de misioneros y creyentes fueron brutalmente asesinados. Solamente la mano de Dios los guió y los sustentó en su fuga de Changté — un viaje de 1500 kilómetros, en una época de intenso calor y llevando a uno de sus cuatro hijos enfermo. Fueron innumerables las veces que se vieron cercados por las multitudes, que clamaban: "¡Matadlos! ¡Matadlos!" Una vez la multitud enfurecida les tiró piedras tan grandes que les quebraron varias costillas a los caballos que arrastraban la carreta, ¡pero todas las personas del grupo escaparon con vida! Goforth recibió varios golpes de espada, uno de los cuales le llegó hasta el hueso del brazo izquierdo, cuando lo levantó para protegerse la cabeza. A pesar de que el grueso casco que tenía en la cabeza quedó casi enteramente cortado en pedazos, él logró mantenerse en pie, hasta que recibió un golpe que por poco le partió el cráneo. Pero Dios no permitió que las manos de los hombres los destruyesen, porque aún tenía que realizar una gran obra en la China por intermedio de esos siervos suyos. Así pues, sin poder cuidar de sus heridas y con las ropas ensangrentadas. el grupo enfrentaba a las multitudes furiosas, día tras día, hasta que llegó a Shangai. Desde allí, la familia embarcó en un navío para el Canadá.

Después que disminuyó el peligro en la China, nuestros incansables héroes estaban nuevamente ocupados en su trabajo en Changté. La región fue dividida en tres partes: La parte que le tocó a Goforth fue el vasto territorio que se extiende al norte de la ciudad, que tiene innumerables villas y poblados.

La idea de Goforth era arrendar una casa en un centro importante, pasar un mes evangelizando, y después mudarse para otro centro. Quería que su esposa predicase en el patio de la casa durante el día, mientras él y sus auxiliares predicaban en las calles y en los poblados vecinos. Por la noche celebrarían los cultos juntos, ella tocando el harmonio. Al fin del mes podrían dejar a uno de sus auxiliares para que enseñase a los nuevos convertidos, mientras el grupo pasaba para otro centro. Acerca de ese plan la esposa de Goforth escribió:

"De hecho, el plan había sido bien concebido, a no ser por una cosa: *no se acordó de los niños...* Yo me acordé de cómo en Hopei, los niños, atacados de varicela, me rodeaban mientras yo sostenía en brazos al más pequeño. Me acordé de las cuatro tumbas de nuestros hijitos y endurecí mi corazón como un pedernal contra ese plan. ¡Cómo mi marido suplicaba día tras día! 'Rosa, por cierto el plan es de Dios y yo temo que pueda sucederles algo a nuestros hijos si le desobedecemos. *El lugar más seguro para ti y para nuestros hijos está en el camino de la obediencia.* Piensas en guardar seguros a nuestros hijos en casa, pero Dios puede mostrarte que estás equivocada. Pero El protegerá a nuestros hijos si tú obedeces confiando en El.' Poco después Wallace cayó enfermo de disentería asiática y por quince días luchamos para salvar a la criatura. Mi marido me dijo: 'Oh, Rosa, cede a Dios, antes de perderlo todo.' Pero a mí me parecía que Jonatán era duro y cruel. Entonces nuestra hijita Constancia cayó enferma también de la misma dolencia. Y en esa circunstancia Dios se reveló a mí como un Padre en quien yo podía confiar para conservar a mis hijos. Bajé la cabeza y dije: 'Oh, Dios, es demasiado tarde para Constancia, pero confío en ti, protege a mis hijos. Iré a dondequiera que me mandes.' En la tarde del día en que la niña falleció mandé a llamar a la señora Wang, una creyente fervorosa y amada, y le dije: 'No puedo contarle todo ahora, pero estoy resuelta a acompañar a mi marido en sus viajes de evangelización. ¿Quiere ir conmigo?' Con lágrimas en los ojos ella respondió: 'No puedo, pues la niña puede enfermar bajo tales condiciones.' No queriendo insistir, pedí que ella orase y me respondiese después. Al día siguiente ella volvió con los ojos llenos de lágrimas y, con una sonrisa, dijo: 'Iré con usted.' "

Resulta notable observar que de allí en adelante no falleció ningún otro hijo de los Goforth en China, a pesar de los muchos años que pasaron en esa vida nómada de evangelización. Goforth observó tan fielmente su costumbre de levantarse a las cinco de la mañana para su oración y estudio de las Escrituras, como cuando estaba en su casa en Changté. Generalmente, para el estudio tenía que quedarse en pie delante de la ventana, con las espaldas vueltas a su familia.

En cuanto a la obra en Changté, son de Goforth estas palabras: "Durante los primeros años de mi trabajo en China, me contentaba con recordar que siempre hay sementera antes de la cosecha. Pero ya habían pasado más de trece años y la cosecha parecía cada vez más distante. Yo tenía la seguridad de que habría algo mejor para mí, si tuviese la visión y la fe para apropiármelo. Estaban constantemente ante mí las palabras del Maestro en Juan 14:12: 'De cierto, de cierto os digo: El que en mí cree, las obras que yo hago, el las hará también: y aun mayores hará, porque yo voy al Padre.' Y sentía profundamente cómo en mi ministerio faltaban las 'mayores obras'."

En el año 1905, Jonatán Goforth leyó en la autobiografía de Carlos Finney, que un labrador puede orar pidiendo una cosecha material independiente del cumplimiento de las leyes de la naturaleza, con tanta razón como los creyentes esperan una gran cosecha de almas en respuesta a sus oraciones, sin cumplir las leyes que gobiernan la cosecha espiritual. Resolvió entonces saber cuáles eran esas leyes y se decidió a cumplirlas a cualquier precio.

Hizo entonces un estudio a fondo y de rodillas, sobre el Espíritu Santo y escribió sus notas en los márgenes de su Biblia china. Cuando comenzó a enseñar esas lecciones a los creyentes, hubo un gran quebrantamiento, que llevó a la confesión de pecados. Fue en la gran exposición idólatra de Hsun Hsien donde Dios mostró primeramente su gran poder en el ministerio de Goforth. Durante el sermón, un obrero exclamó en voz baja: "Esta gente está tan conmovida por la predicación, como lo estuvo la multitud en el día de Pentecostés por el sermón de Pedro." En la noche de ese mismo día, en un salón arrendado y en el que no cabía toda la gran multitud pagana que quería asistir, Goforth predicó sobre el texto: "Quien llevó él mismo nuestros pecados en su cuerpo sobre el madero." Casi todos quedaron quebrantados y convencidos de pecado, y cuando el predicador hizo el llamado, se levantaron clamando:

"¡Queremos seguir a ese Jesús que murió por nosotros!" Uno de los obreros presentes expresó así lo que vio: "Hermano, Aquel a quien oramos durante tanto tiempo para que viniese, vino en efecto esta noche." En los días que siguieron, muchos pecadores fueron salvos en todos los puntos de predicación y en todos los cultos.

Acerca del avivamiento que en ese tiempo visitó a Corea, uno de los misioneros escribió acerca de lo que presenció: "Los misioneros eran como los demás creyentes; no había ninguno entre ellos que tuviese un talento extraordinario. Vivían y trabajaban como todos los demás, a no ser en las oraciones... Nunca sentí la presencia divina como la sentí en sus ruegos a Dios. Parecía que esos misioneros nos llevaban al propio trono en el cielo... Fui muy bien impresionado también, al ver cómo el avivamiento era práctico... Había decenas de millares de hombres y mujeres completamente transformados por el fuego divino. Grandes templos con asientos para 1500 personas quedaban completamente llenos; era necesario celebrar un culto para los hombres y en seguida, otro para las mujeres, a fin de que todos pudiesen asistir. En todos ardía el deseo de divulgar las 'buenas nuevas'. Los niños se aproximaban a las personas que pasaban por las calles, rogándoles que aceptasen a Cristo como su Salvador... La pobreza del pueblo de Corea es conocida en todo el mundo. Con todo, había tanta liberalidad en las ofrendas, que los misioneros no querían enseñar más sobre el deber de contribuir. Había una gran devoción a la Biblia: casi todos llevaban un ejemplar en el bolsillo. Y el maravilloso espíritu de oración penetraba en todo."

Al volver de Corea Goforth fue llamado a Manchuria. Más tarde, él escribió: "Cuando comencé el largo viaje yo estaba convencido de que tenía un mensaje de Dios que entregar a la gente. Pero no tenía idea de cómo presidir un avivamiento. Yo sabía pronunciar un discurso y sabía hacer que la gente orase. Pero no sabía nada más que eso. . ."

Goforth tuvo una gran desilusión al llegar a Manchuria: los creyentes no oraban como le habían prometido y ¡la iglesia estaba dividida! Después del primer culto él, solo en su cuarto, cayó de rodillas desalentado y desesperado. Y Dios respondió a su insistencia, enviando un deseo tan grande de orar en las iglesias y una contrición tan profunda por el pecado, que no solamente fueron purificadas de toda clase de pecado sino que los perdidos, en gran número, venían y eran salvos.

El lema del avivamiento del año 1850 fue: "Os es necesario nacer de nuevo"; el de 1870 fue: "Cree en el Señor Jesús". Pero el lema de Goforth fue: "No con ejército, ni con fuerza, sino con mi Espíritu" (Zacarías 4:6). Que el Espíritu Santo obraba en varios lugares de Manchuria, como respuesta a las oraciones insistentes y frente a dificultades de toda suerte, se ve claramente en lo que él escribió acerca de la obra en la ciudad de Newchang:

"Al subir al púlpito me arrodillé un momento, como de costumbre, para orar. Cuando miré al auditorio parecía que todos los hombres, mujeres y niños que estaban en la iglesia, estuviesen con dolores de remordimiento y juicio. Las lágrimas les corrían copiosamente y hubo confesión de toda clase de pecados. ¿Cómo se explica eso? La iglesia era conocida como una iglesia muerta y sin ninguna esperanza; no obstante, antes de enunciar siquiera una palabra, sin siquiera cantar un himno y antes de orar, comenzó esa obra maravillosa. No hay otra explicación: fue el Espíritu de Dios que obró en respuesta a las oraciones de las iglesias de Mukden, Liaoyang y de otros lugares de Manchuria, las cuales habían experimentado la misma clase de avivamiento y fueron inducidas a interceder por su pobre y necesitada iglesia hermana."

Cuando Jonatán Goforth fue a Manchuria, era casi desconocido fuera del pequeño círculo de su denominación. Unas semanas después, cuando regresó, los ojos de los creyentes de todo el mundo estaban fijos en él. Con todo, él continuó siendo el mismo humilde siervo de Dios, reconociendo que la obra no era de él, sino del Espíritu de Dios.

Chansi es conocida como la "Provincia de los mártires". Cierto doctor chino contó a Goforth cómo había presenciado en esa provincia, durante la insurrección de los *bóxers* en 1900, la muerte de 59 misioneros. Todos ellos encararon al verdugo con la mayor calma. Una muchachita de cabellos rubios preguntó al gobernador: "¿Por qué debemos morir? ¿No vinieron nuestros médicos de países remotos para dedicar su vida a servir a vuestro pueblo? ¿No fueron curados muchos enfermos sin esperanza? ¿No recuperaron la vista algunos ciegos? ¿Es por causa del bien que hicimos que debemos morir?" El gobernador bajó la cabeza y no respondió. Pero un soldado agarró a la muchacha por los cabellos y de un solo golpe le cortó la cabeza. Uno después de otro, todos fueron muertos; todos murieron con una sonrisa de paz. Ese mismo doctor contó cómo vio entre ellos, a una señora que le hablaba alegremente a su hijito. De un solo golpe ella fue derribada, pero el niño continuaba sujetándole la mano; enseguida, con otro golpe, un pequeño cadáver fue a caer al lado del cadáver de la madre.

Fue a esa misma "Provincia de los mártires" que Dios envió a sus siervos, los Goforth, ocho años después, y sucedió lo que se relata a continuación:

"En Chuwahsien, poco después de comenzar a hablar, vi a muchos de los oyentes que bajaban la cabeza, convictos, mientras las lágrimas les corrían por el rostro. Después del sermón todos los que se habían puesto a orar estaban quebrantados. El avivamiento, que comenzó de esa manera, continuó durante cuatro días. Hubo confesiones de toda clase de pecados. El delegado regional se admiró grandemente al oír confesiones de homicidios, de robos y de crímenes de toda clase — confesiones que él sólo conseguiría arrancar de ellos azotándolos hasta casi dejarlos muertos. A veces, después de un culto de tres horas o más, la gente volvía a su casa para continuar orando. Aun en altas horas de la noche había pequeños grupos reunidos en varios lugares, que oraban hasta que casi amanecía el día."

En el colegio de señoritas de Chuwu, en la misma "Provincia de los mártires", "las alumnas insistían en que se les concediese tiempo para ayunar y orar... Al día siguiente, cuando las muchachas se reunieron por la mañana para orar, el Espíritu cayó sobre ellas y se quedaron arrodilladas hasta la tarde de ese día."

De los centenares de ejemplos evidentes de la operación poderosa del Espíritu Santo en los corazones, evidenciada en muchos otros lugares, citaremos aquí solamente los siguientes:

Changté: "Casi setecientas personas asistieron por la mañana. Había un fervor entre los hombres, que se esforzaban para ir al frente, de modo que Goforth sólo consiguió predicar por la tarde. El culto era continuo, y se prolongaba el día entero, con intervalos para las comidas."

Kwangchow: "En la iglesia, que tenía asientos para 1.400 personas, no cabían las multitudes. El Espíritu Santo vino con poder extraordinario. Había a veces centenares de pecadores contritos llorando..." Dos endemoniados fueron liberados y se convirtieron en creyentes fervorosos en la obra de Dios. En cuatro años, el número de creyentes aumentó de 2.000 a 8.000."

Shuntehfu: "Inesperadamente, una docena de hombres comenzaron a orar y a llorar... sin poder resistir el poder del Espíritu Santo... Viejos discípulos de Confucio venían al frente, quebrantados y humillados, para proclamar a Cristo como su Señor. Un total de quinientos hombres y mujeres fueron salvos. Fue, tal vez, la mayor obra del Espíritu Santo que yo haya visto."

Nanking: "Asistieron más de 1500 personas. Centenares más que también querían asistir, no pudieron entrar y regresaron a sus casas. El culto de la mañana duró cuatro horas. El resto del tiempo fue dedicado a la oración y a la confesión de pecados. La multitud que deseaba llegar hasta el estrado para confesar sus pecados fue tan grande, que se hizo necesario construir otra escalera... Subí de nuevo al estrado a las tres de la tarde para iniciar el segundo culto. En ese momento centenares de personas comenzaron a venir al frente, y por eso no pude predicar... A las nueve de la noche, seis horas después de iniciar el culto, fui obligado a retirarme y a partir rumbo a Pekín, donde los creyentes me esperaban para otra serie de cultos."

Shantung: "El avivamiento fue tan grande que cerca de 3.000 miembros fueron añadidos a la iglesia en tres años."

Respecto de los cultos celebrados entre los soldados del general Feng, la esposa de Goforth escribió lo siguiente: "Desde el comienzo sentimos la presencia de Dios. Dos veces todos los días, Goforth tenía auditorios de 2.000 personas, principalmente oficiales los cuales se mostraban grandemente interesados... A las esposas de ellos se les permitió asistir a tres cultos, y Dios me dio poder para hablarles. Casi todas ellas declararon que estaban dispuestas a recibir a Cristo. El general Feng, al ponerse a orar, quedó quebrantado... A continuación otros oficiales, uno después del otro, comenzaron a clamar a Dios entre sollozos y lágrimas."

Así continuó la obra, año tras año, por lo general con tres cultos al día, a pesar de los grandes obstáculos. En el período de la sequía de 1920, de 30 a 40 millones de habitantes a nuestro alrededor encararon la muerte por hambre. En 1924 Goforth escribió así a su esposa, que había sido forzada por motivos de salud a volver al Canadá: "Hoy cumplo 65 años... ¡Oh, cómo ansío, más que cualquier avaro codicia el oro, poder tener 20 años aún, para ganar almas!"

Después de cumplir 68 años de edad y su esposa 62, edad en que la mayoría de los hombres se alejan del servicio activo, los dos fueron enviados para un campo enteramente nuevo, en Manchuria — campo remoto, vasto y frío, que se extiende hasta las fronteras de Rusia y de Mongolia. Acerca de su partida, Goforth escribió:

"Cierto día, en el mes de febrero de 1926, mi esposa estaba acostada esperando la llegada de la ambulancia que la habría de llevar al Hospital General de Toronto. De repente, el timbre de la puerta y el del teléfono tocaron simultáneamente. Por el teléfono se nos informó que no habría lugar en el hospital antes de tres días. En la puerta recibimos un cablegrama del general Feng, de la China, en que me rogaba que fuese sin demora. En ese momento le dije a ella: '¿Qué haré? No puedo dejarte', pues todos pensábamos que ella no viviría muchos meses más. Mi esposa, después de orar, dijo: 'Voy contigo.' Los miembros de la junta estaban reunidos en esa ocasión; así pues les presenté el cablegrama del general Feng y estuvieron de acuerdo en que yo me fuese. Pero cuando les informamos que mi esposa quería acompañarme, se mostraron horrorizados, respondiendo que ella se moriría en el camino. Entonces les respondí: 'Ustedes, hermanos, no conocen a esta mujer como yo. ¡Cuando ella dice que va a ir, es porque ella va!' Así, convinieron en que ella fuese."

Durante mucho tiempo siguiendo el consejo del Cónsul, vivieron en el nuevo campo de Manchuria con sus maletas listas, a fin de poder partir inmediatamente, en el caso de que hubiese una segunda insurrección de los *bóxers,* como todos lo esperaban. Sin embargo, desde el comienzo Dios honró el servicio de esos siervos suyos, conforme se lee en lo que él escribió a la avanzada edad de 70 años: "Se tienen tres horas de predicación en la mañana y cuatro en la tarde a cargo del grupo de misioneros... Desde el primer día hubo conversiones; a veces hasta doce en un solo día. Grande ha sido nuestro regocijo al ver que cerca de 200 personas aceptaron a Cristo durante el mes de mayo."

Hacía mucho tiempo que diversos amigos insistían en que él escribiese la historia de cómo el Espíritu Santo obraba en su ministerio. En un tiempo de intenso frío se vio obligado a hacerse extraer los dientes; durante cuatro largos meses sufrió terribles dolores en los maxilares, a punto de no poder predicar. Fue en esa época que su hijo menor llegó del Canadá. Entonces Goforth logró dictar el material para que el hijo lo pasase a máquina. De esa manera llegó a imprimirse el libro "Con mi Espíritu", obra de gran circulación e influencia.

Después de cuatro años de servicio tuvo que volver al Canadá por causa de la vista de su esposa. Fue durante ese tiempo que Goforth también comenzó a perder la vista. Mientras convalecía de las operaciones que le habían hecho, sin éxito, para restaurarle la vista de un ojo, él relató, una por una, las historias de la obra de la China, historias que su enfermera tomó en taquigrafía y que completan ahora el famoso libro titulado: "Vidas milagrosas de la China".

En 1931, Goforth y su esposa, ella de 67 años y él de 73, pero con los corazones ardiendo por el deseo de ganar almas, volvieron una vez más a la obra de Manchuria. Cuatrocientos setenta y dos convertidos fueron bautizados en 1932. Sucedió que un día cuando Goforth volvía de un viaje evangelístico, al entrar a su casa tuvo que hacerlo a tientas. Después de estar un momento al lado de su esposa, le dijo en voz baja: "Me temo que la retina del ojo izquierdo se haya salido de su lugar." Y así mismo había sucedido. La pérdida completa de la vista fue para él motivo de tristeza, una tragedia sentida por todos. Al mismo tiempo les llegó una carta en que les informaban la necesidad de efectuar una reducción tan grande en lo que recibían para el sustento de los misioneros y para los gastos de los viajes evangelísticos, que parecía imposible continuar la obra. Fue ésa la mayor crisis de toda la vida de Jonatán Goforth. No obstante, sin vacilar, volvió su corazón a Dios. La propia ceguera parecía ser más bien una bendición que una aflicción; Los creyentes se mostraban más unidos a él que antes. Venciendo el desánimo inevitable de los que pierden la vista, no cesó de predicar, con la Biblia — que amaba — abierta en las manos. En el año 1933, setecientos setenta y ocho convertidos fueron bautizados.

Por fin, los Goforth cedieron a la insistencia de los creyentes del Canadá para que volviesen, a fin de animar a las iglesias a que enviasen más misioneros. Durante los preparativos para el viaje supieron que 966 convertidos fueron bautizados en aquel año,

1934. El culto de despedida fue uno de los más conmovedores de toda la historia de la obra misionera. El misionero, tan amado por los creyentes, no podía ver por causa de su ceguera, cómo habían adornado el templo, pero ellos bondadosamente y con gusto, le fueron describiendo todo acerca de las muchas y lindas banderas de seda y terciopelo que cubrían enteramente las cuatro paredes del templo. Los predicadores que hablaron, lo hicieron llorando. Uno de ellos dijo: "Ahora Elías está para irse de nuestro medio, y cada uno de nosotros debe convertirse en un Eliseo."

A la hora de la despedida, en la plataforma de la estación se había congregado una multitud de creyentes que estaban llorando. Goforth, sentado frente a la ventana en el tren, con el rostro virado hacia sus creyentes que tanto amaba, pero que no podía ver, continuaba haciéndoles señales con la cabeza, de vez en cuando, levantando los ojos hacia el cielo, indicando así la bendita esperanza de una reunión en el cielo. Cuando el tren partió, los creyentes, con los ojos llenos de lágrimas, intentaron acompañarlo corriendo paralelamente, a fin de lograr ver una vez más el rostro de sus queridos misioneros.

Durante dieciocho meses, Goforth predicó a grandes auditorios en el Canadá y en los Estados Unidos. Día tras día ese veterano estaba de pie delante de esos auditorios, con su amada Biblia abierta en las manos. Durante el sermón abría el libro, aproximadamente en las páginas de las cuales citaba los pasajes de memoria. El hacía eso teniendo los ojos abiertos y con tanta práctica, que era difícil creer que no los leía como otrora.

El punto principal de sus mensajes se descubre en estas palabras que él dijo cierto día a su esposa: "Querida, acabo de hacer un cálculo mental que prueba con seguridad *cuál es el resultado de dar al evangelio la oportunidad de obrar.* Si cada uno de los misioneros enviados a la China hubiese llevado tantas almas a Jesús, como los seis misioneros de nuestro campo durante el año 1934, el último año que pasamos en Manchuria, es decir, 166 por cada misionero, el número de conversiones en la China habría alcanzado la cifra de casi un millón de almas, en vez de apenas 38.724. ¡Es decir, habría sido 25 veces mayor!"

Cierto día, cuando tenía que predicar solamente durante la noche, él le dijo a su esposa: "En vez de salir de casa hoy, yo creo que es mejor que participemos de un banquete de la Palabra. Léeme el precioso Evangelio de Juan." Ella le leyó dieciséis capítulos de ese libro. "Se percibía que era un verdadero banquete para él, por la atención que prestaba a la lectura y porque su rostro se iluminaba repetidamente al oír la lectura de ciertos pasajes." Antes de fallecer había leído la Biblia, de tapa a tapa, más de setenta y tres veces.

En la noche del 7 de octubre de 1936, Jonatán Goforth, después de pronunciar un discurso fervoroso y largo sobre el tema: "Cómo el fuego del Espíritu barrió a Corea", se acostó tarde para dormir. A las siete de la mañana del día siguiente su esposa se levantó y se vistió. Enseguida comprobó que más o menos en el momento en que ella se levantó, él "durmiendo aquí en la tierra, en un instante se despertó *viendo de nuevo,* en la gloria."

Pocos días antes al pensar él había dicho que se regocijaba que el primer rostro que iba a ver sería el de su Salvador.

Cinco años y medio después que Jonatán Goforth durmió en el Señor, Rosalind Goforth se reunió con su muy amado esposo y compañero de luchas. Las últimas palabras que pronunció fueron éstas: "El Rey me llama. Estoy lista."

De ambos se puede decir, como fue dicho respecto de él: "Se entregaba a la oración y al estudio de la Palabra para saber la voluntad de Dios. Fue ese amor por la lectura de la Biblia y la comunión con Dios que le dio el poder de conmover auditorios y convencerlos de pecado y de la necesidad del arrepentimiento. En todas las ocasiones dominaba a su propia persona y confiaba enteramente en el poder del Espíritu Santo para descubrir las cosas de Jesús a los oyentes."

Que el mismo grito de guerra sea siempre nuestro: "No con ejército, ni con fuerza, sino con mi Espíritu." — "Pero recibiréis poder, cuando haya venido sobre vosotros el Espíritu Santo."

*Nos agradaría recibir noticias suyas.
Por favor, envíe sus comentarios
sobre este libro
a la dirección que aparece a continuación.
Muchas gracias.*

EDITORIAL VIDA
8325 NW 53rd St., Suite: 100
Miami, Florida 33166-4665
Vidapub.sales@harpercollins.com
http://www.editorialvida.com